কবিতা বাহার

রাধানাথ রায় মাহাত

editionNEXT
editionNEXT, Kolkata, India
www.editionnext.com

"Kabita Bahar" :: A Collection of Bengali Poems by
Radha Nath Roy Mahato

International(USA) Edition

Cover: Uday Bhattacharyya

First Edition: March 2025

Publisher: Mousumi Bhattacharyya
FD 16/1, Baguiati, Kolkata- 59
Website: editionNEXT.com
Facebook: facebook.com/editionnext
Twitter: twitter.com/editionnext
eMail: Link "Contact Us" in editionNEXT.com

উৎসর্গ

পরম পূজনীয় পিতৃদেবের শ্রী চরণ কমলে।

সূচিপত্র

সূচিপত্র

সূচিপত্র

প্রার্থনা ১

প্রভু এ দেহ ভেলায়
যেন বেলা যায়
তব মধু নাম জপিয়া
তব স্নেহ ধারা
মন্দাকিনী পারা
শিরে যেন পড়ে গলিয়া।

তোমারি দ্বীপ্ত চন্দ্র তপন
দানে যেন প্রাণে সুখ শিহরন
উঠে যেন নীতি আঁখির সমীপে
নিখিল বিশ্ব হাসিয়া।

সকল কর্মে তোমারি চরণ
যেন করি অর্চনা
প্রতিটি পুণ্যে তোমারি দৈন্য
যেন করি বন্দনা।

তব অফুরাণ আলোক পরশ
দানে যেন প্রাণে সকল হরষ
তণু মন ধন হয় গো বরণ
ইন্দ্র ধনু দিয়া বেড়িয়া।

প্রার্থনা ২

হে প্রভু জগৎ পতি তব পাদপদ্মে মতি
নিত্য দিন রহে যেন মনে
এ বাসনা ফল্গুধারা হৃদিতলে হয় হারা
বাল্য স্মৃতি হতে মোর প্রাণে।
বিপদ আসিলে কভু না ভুলি তোমারে প্রভু
বজ্রাঘাত সহিতে না ডরি
শুধু মনে ভাবি সুখে যোগ্য করি নিতে বুকে
অনন্ত করুণা এ তোমারি।
স্তব্ধ করো চঞ্চলতা দেহো ধৈর্য্য অটলতা
পৌরুষতা দেহ গো হিয়াতে
দুর্গম জীবন পথে রহগো ধরিয়া হাতে
অজেয় করহ ধরণীতে।
চিত্ত ভ্রমে মিথ্যাচারে লিপ্ত হলে অন্ধকারে
আলোকেতে ফিরায়ো আমায়
অন্তর বাহির হতে গড়ি দেহ এ তণুতে
প্রস্ফুটিত কুমুদ শোভায়।
দিয়েছ এ দেহ প্রভু রয়েছ আড়ালে তবু
তব ইচ্ছা এ জীবনে বরি
জপি মুখে মহানামে যাপি যেন কর্মধামে
নিশিদিন এ প্রার্থনা করি।

প্রার্থনা ৩

তোমারে ডেকেছি সকল বিপদে
তোমারে চেয়েছি স্বপনে
তোমারে খুঁজেছি সকল আঁধারে
তোমারে মেনেছি জীবনে।

তব সুন্দর মহান সৃষ্টি
তোমার মেঘেরা দানিছে বৃষ্টি
আঁখি মেলি দেখি পুষ্পে পুষ্পে
ভরিয়া রয়েছে ভুবনে।

তব বিস্তৃত উদার আকাশ
চক্ষু দিয়াছে জুড়ায়ে
গিরি সমুদ্র অপার জলধি
তোমার মহিমা বিছায়ে।
তুমি রহিয়াছ তারায় তারায়
হেন অনুভব শিরায় শিরায়
যদিও তোমায় দেখা নাহি পাই
তবু আছো প্রতি সৃজনে।

যেদিকে তাকাই এজগত হেরি
সীমা হীন সুন্দর
শত নদী নদ শত জনপদ
কত তারা মনোহর।
তোমারি সৃষ্ট সকলি বিধাতা
মর্মে মর্মে অনুভবি সে --তা
তোমারি করূণা ভরা এ বিশ্ব
শুনি আহ্বান শ্রবণে।

প্রার্থনা ৪

এবার আমারে আপনার করে
লও হে জীবন নাথ
তোমারি দুয়ারে অধীর এ হৃদি
করিয়াছে তণুপাত।

তোমারি নিখিল বিশ্ব মাঝারে
প্রকাশিত করি আগারে আগারে
সীমা হীন স্নেহ ঢালি অহরহ
আমারি আনত মাথ।
এবার আমারে আপনার করে
লও হে জীবন নাথ।

দিকে দিকে হেরি তোমারি করুণা
অমল অনিলে রঞ্জিত
আনন্দ ধারা দ্যুলোকে ভুলোকে
আলোক হইয়া মণ্ডিত।
আমারি হৃদয় পরতে পরতে
প্রবাহিত করি সেই দ্যুতি স্রোতে
সেই জ্যোতি রূপে আঁখির সমীপে
ফোঁটায়ে দিবস রাত
এবার আমারে আপনার করে
লও হে জীবন নাথ।

তোমার স্মরণ অমিয় বারতা
প্লাবিত মরত ভূমি
তোমার চরণ ধূলায় জড়িত
গরব গগন চুমি।
মাখায়ে আমার অধম এ দেহ

ধন্য করহ অবনীর গেহ
বৃথা সংস্কার করা ছারখার
অশনি হনন সাথ।
এবার আমারে আপনার করে
লও হে জীবন নাথ।

প্রার্থনা ৫

প্রার্থনা তব চরণে।
জীবন কুঞ্জে এস হে অতিথি
মঞ্জীর ধ্বণি শ্রবণে।

তৃণ সম যথা তটিনীর গতি
কাল স্রোতে তথা ছুটেছি সে মতি
তবু তব লাগি সাজায়ে আরতি
দ্বার খুলে আছি ভবনে।
প্রার্থনা তব চরণে।

বাসনা পঙ্ক অঙ্গে মেখেছি
শত ঋষি মত পাশরিয়া আছি
তবু তো তোমারে খুঁজিয়া চলেছি
নিখিল চন্দ্র তপনে।
প্রার্থনা তব চরণে।

তোমারি করূণা এই শুধু চাই
পুরুষাকার সে বুঝেছি বৃথাই
পঙ্গু সে চড়ে অচল চড়াই
তুমি যারে চাহ নয়নে।
প্রার্থনা তব চরণে।

প্রার্থনা ৬

এই ভিক্ষা করি আশ
আমি তব নিত্য দাস
যুক্ত করে গো বিশ্বপতি
অন্তর ফলকে মোর
পূর্ণ এ জীবন ভোর
জাগাইও সেই অনুভূতি।

অখিল ব্রহ্মাণ্ড স্রষ্টা
অসীম ত্রিকাল দ্রষ্টা
হে অনন্ত অক্ষয় অব্যয়
তব শান্তি স্রোত ছায়ে
নম্র শীরে শুদ্ধ কায়ে
ভিক্ষা মাগি অটল আশ্রয়।

এ শক্তি করহ দান
ওগো সর্ব শক্তিমান
উপস্থিত শত পরাজয়ে
না দিতে পারে গো যেন
বিশ্বাস রতন হেন
চিত্ত হতে নিঃশেষে হারায়ে।

ওগো বিশ্ব অধিরাজ
এ আঁখি সমীপে আজ
বন্দ আছে যা কিছু সুন্দর
অদৃশ্য ইঙ্গিত হতে
মুক্ত করি ইচ্ছা হতে
পূর্ণ কর রিক্ত এ অন্তর।

ঋতু পর্য্যায়

বৈশাখ মাস

শত দিকে ঝঞ্ঝা ওঠে আতপ্ত বাতাস
পাংশু মুখী বসুমতী বৈশাখ মাস।
রবি করে অগ্নি ঝরে নিখিল ভুবনে
হাহাকার ধ্বণি ওঠে ভবনে ভবনে।

তৃষ্ণাতুর শত শত বিহগ পতঙ্গ
ত্রাহি ত্রাহি ডাক ছাড়ে এলাইয়া অঙ্গ।
উদ্ভিদ জগত আজি অনন্তের পানে
অস্থির হইয়া চাহে বিষন্ন বদনে।
ব্যাকুলিত নরনারী হস্ত রাখি শিরে
বুভুক্ষিত জর্জরিত নিরন্ন জঠরে।
চাতক আঁখির প্রায় নিরখে আগামী
সিক্ত তরে ভূমি তল বৃষ্টি ধারা নামি।

পথ পরে পান্থ এক মধ্যান্হ কিরণে
অংশুমান রুদ্ররোষে রক্তিম আননে।
অজ্ঞাত সুদূর হতে ঘর্মাপ্লুত গায়
দ্রুত পদে ধায় যেন চঞ্চলিত বায়।
হয়তো সে পাড়ি দিয়া বিশ্ব মরু হায়
উপনীত হবে গিয়া বিধাতার ঠাঁই।

মর্মভেদী আবেদন নিবেদিবে সে--তা
ক্ষান্ত কর কর অগ্নি আঁখি জগত নির্মাতা।
রক্ষা কর জীবকুল রুক্ষ ধরণীতে
নতুবা সোনার বিশ্ব জ্বলে বন্হি স্রোতে।
বর্ষাও অবনী পরে সুশীতল বারি
নিদাঘ বিমুক্ত হোক্ যত নরনারী।
আরম্ভ করহ তব নব সৃষ্টি খেলা
প্লাবিত হউক ভূমে আনন্দেরি মেলা।

জৈষ্ঠ্য মাস

প্রখর প্রচণ্ড তপ্ত রৌদ্র
জীব কুলে নাহি ত্রাণ
দশদিশি হতে অগ্নি প্রবাহ
ঢালিছে অংশুমান।

মৃত প্রায় আজি সব জীবকুল
জৈষ্ঠ্যের তাপে বুঝি নির্মুল
ধ্বণিয়া উঠেছে প্রেত তাণ্ডব
সৃষ্টি নাশের গান।

এরি মাঝে চলে কর্ম প্রবাহ
দায় ঠেকানো সুরে
ওঠে হাহাকার নাই নিস্তার
ঐ দেখা যায় পুরে।
জীবন মরণ এক করে চলি
চড়াছে জৈষ্ঠ্য রৌদ্রের বলি
রাত্রের ঘুম ভ্যাপ্‌সা গরমে
নাজেহাল হায়রান।

জীব কুল চাহে আকাশের পানে
কবে যে হইবে বৃষ্টি
তপ্ত পরাণ হইবে শীতল
রক্ষা হইবে সৃষ্টি।
ফুরাবে জৈষ্ঠ্য আসিবে আষাঢ়
ঢল ঢল হবে নদীর দুপাড়
আসিবে শ্রাবণ হবে বরষন
পাতিয়াছি তারি কান।

আষাঢ় মাস

কালবৈশাখী ক্রন্দন রোল
এবারে পেয়েছে ছাড়
বঙ্গভূমিতে করিতে রঙ্গ
অঙ্গ মেলেছে আষাঢ়।
ময়ুরের মতো মেলিয়াছে পাখে
দামিনীর দ্যুতি মেলিয়াছে আঁখে
জলদের গায়ে খেলিছে প্রশাখে
দ্বীপ্ত দধীচি হাড়।

দশ দিলি চাহি ভেদিছে গগন
গুরু গুরু ছাড়ি ডাক
যেন মহামায়া মহাষ্টমীর
বাজিছে বিষম ঢাক।
ববাদলের ধারা ঝরে অবিরল
সলিলে সলিল হোল ধরাতল
কৃষাণ কৃষাণী রোপিতে ফসল
সাড়া পড়িয়াছে রাঢ়।

খালে বিলে সুখে মীন ভেক কুল
ছেড়েছে তাদের পোনা
ধীবরেরা কাঁধে তুলিয়াছে জাল
গৃহেতে যা ছিল বোনা।
পথ ঘাট যত হয়েছে পিছল
সাবধানে আনে গৃহ বধু জল
তপ্ত পরাণ হয়েছে শীতল
ঢল ঢল নদী পাড়।

শ্রাবণ মাস

আষাঢ় পেরিয়ে প্রতীক্ষিত আজ
এসেছে শ্রাবণ মাস
আকাশ হইতে ঝর ঝর বারি
আনিয়াছে অধিবাস।

ঝরে অবিরল ধারা ঝম্ ঝম্
মধুর ধ্বণিতে এসেছে শ্রাবণ
বাতাস নিথর হানিছে বজর
অশনির পরিহাস।

নীরব নিশিথে এসেছে সন্ধ্যা
ফিরেছে পাখিরা কুলায়ে
পথ প্রান্তরে মধুর গন্ধা
বহিছে বাতাস এলায়ে।

হাসিতেছে যত কৃষাণ কৃষাণী
সিক্ত হইছে শ্যামল বনানী
যত পথ ঘাট যত আছে মাঠ
প্লাবিত সলিল ত্রাস।

আননে আননে ফিরিতেছে গান
নাচিয়ে ময়ূর ময়ুরী
নৃত্য বাদক গায়ক গায়কী
আওড়াইতেছে শায়রী।

হেরিছে জগৎ মধুর স্বপন
কৃষাণ কৃষাণী করিছে রোপন
শ্যামল ধান্য জগতে স্তন্য
পিয়াইতে বারমাস।

ভাদ্র মাস

একি অপরূপ রূপে মা জননী
হেরিনু ভাদ্র মাসে
ক্ষেতে ক্ষেতে ভরা কচি কচি ধানে
যত দুর আঁখি ভাসে।

আর্দ্র শ্যামল বসনে
সাজিয়াছ রাণী পরম রতনে
কি যেন কহিছ শিহরি শিহরি
মৌন মাধুরী হাসে।

ক্ষণে ক্ষণে তব অসীম নীলিমা
নিমেষে যাইছে ছায়ে
নীরদে নীরদে বাদলে বাদলে
এলায়ে অবনী গায়ে।
কখনো ঝিমিকে কুয়াশার পারা
কখনো অঝোরে ঝর ঝর ধারা
সরস বরষা হরষ হইয়া
পশলা পশলা আসে।

পথ ঘাট যত রহে অবারিত
সকলি হয়েছে পি--ছল
পল্লীর বধু জল লয়ে আসে
সাবধানে বাঁধি আঁ--চল।
ঝিল্লির ডাকে নামে গো সন্ধ্যা
আমোদিত করে রজনীগন্ধা
আগমনী সুরে উদাসী বাউল
উতলা করে বাতাসে।
একি অপরূপ রূপে মা জননী
হেরিনু ভাদ্র মাসে।

আশ্বিন মাস

বরষণ শেষে নব বধু বেশে
আসিল আশ্বিন মাস
শ্বেত মেঘ রাশি থরে থরে আসি
আকাশ করিল গ্রাস।
অলিতে গলিতে বাজার দোকানে
কেনা কাটা চলে নব উদ্যমে
দূর্গোৎসব হোল উপনীত
এলো পূজা অবকাশ।

গ্রাম গঞ্জে গুঞ্জরি ওঠে
সঙ্গীত আগমনী
পূজা মণ্ডপে আতসবাজিতে
চমকিয়া ওঠে অশনি।
বিজয়া দশমী হলে অবসান
ভুলিনু উচ্চ নীচ ব্যাবধান
হইনু ধন্য প্রীতি বন্ধনে
প্রসারিয়া বাহু পাশ।

গগনের তলে ওঠে আর ডোবে
অত্যুজ্জ্বল তপন
অবনীর বুবে ঐন্দ্রজালিক
রচিয়া সোনালী স্বপন।
ঘাসে ঘাসে মাখা শিশির বিমল
অরুণ উদয়ে করে ঝলমল
কুয়াশায় ঢাকা কভূ শুধু ফাঁকা
খেলা করে নীলাকাশ।

শীতের অর্ঘ মাথায় বহিয়া

দাঁড়াইয়া রহে হেমন্ত
উত্তুরে হাওয়া আনে তারি ডাক
ভেদ করি নভ দিগন্ত।
প্রাণে সে বাঁশির উদাসীন সুর
বোধ হয় যেন আরো সুমধুর
ভবনে ভবনে পড়ি যায় সাড়া
দেওয়ালীর উল্লাস।
বরষণ শেষে নব বধু বেশে
আসিল আশ্বিন মাস।

কার্তিক মাস

হেমন্ত আসি খুলি দিল দ্বার
এলো কার্তিক মাস
আলোয় আলোয় ঝালোর নামিল
ব্যাপি দিগন্তাকাশ।

ঝলমল করি সোনালী ফসলে
ভুবন ভুলানো হাসে আঁখি মেলে
বসুধার বুকে প্রভাকর প্রভা
ক্রমশ হইল হ্রাস।

শত শত দীপ জ্বলিল নিশীথে
আসিল গো দেওয়ালী
অমা জামিনীর জমাট আঁধার
উঠিল উথলি উথলি।
শ্যামা জননীর হোল উপাসনা
আঁখি দরধারে নীর হোল জমা
ভাই ফোঁটা আসি প্রীতির আকাশে
হোল ঊষা পরকাশ।

রূপসী নিশির কুন্‌তল দামে
দোলে নক্ষত্র মালিকা
বহিত বাতাস আনে প্রবাহিত
কন্ কনে প্রহেলিকা।
ছাইয়া দ্যুলোক ভূলোক অসীম
তরল হইয়া ঝরে শুধু হিম
হেরিয়া শিশির প্লাবিত প্রভাতে
হৃদয়ে মিটিল আশ।

শীতের বসন দোকানে দোকানে
কেনা কাটা পড়ে সাড়া
কৃষাণ কৃষাণী ভবনে ভবনে
ধান কাটা পড়ে তাড়া।
ডোবায়ে নিখিল বিশ্বের সীমা
শুভ্র জোৎস্না আনে পূর্ণিমা
খুশির পিপাসা করে নিবারিত
আসি উৎসব রাস।

অগ্রহায়ণ মাস

কন্ কনে শীতে বেজেছে ডঙ্কা
এসেছে অগ্রহায়ণ
কৃষাণ কৃষাণী ভবনে ভবনে
ধান কাটা এক রণ।
সবাকার মনে নব উৎসাহ
ধান কাটা আনা করে অহরহ
খামারে খামারে আনিতে তড়িৎ
করে তারি আয়োজন।

গো মহিষাদি হাঁটে অবিরত
উড়িতেছে পথ ধূলি
বৈকাল বেলা হয়ে গেল পার
আইল স্বর্ণ গোধূলি।
সারাদিন খাটি নাইকো শিথিল
কর্মে নিয়ত বিশ্ব নিখিল
শান্ত প্রকৃতি নিঝুম রাত্রি
নাই কিছু দুঃস্বপন।

আসিতেছে পৌষ আনে তারি সাড়া
গৃহে গৃহে হবে অন্ন
পৌষ পার্বণে সাজ সাজ রব
মিঠে পিঠে নবান্ন।
আকাশ বাতাস আজি প্রশান্ত
মাঠ ক্ষেত ফাঁকা দিগ্ দিগন্ত
রহেনা গরু হইতেছে শুরু
টুসু গান সুমোহন।
কন্ কনে শীতে বেজেছে ডঙ্কা
এসেছে অগ্রহায়ণ।

পৌষ মাস

সোনালী রৌদ্র কিরণ পরশে
এসেছে এবার পৌষ
ঢালিয়া শস্য পরম হাস্যে
আনিয়াছে পরিতোষ।

দুই বাহু তুলি নাচিতেছে শীত
টুটিয়া গিয়াছে অখিল অহিত
রাখাল বালক গাহিতেছে গীত
চরাইছে ধেণু মোষ।

নবীন ধান্যে এসেছে লক্ষী
হাসিতে কৃষাণ কৃষাণী
জগত জীবনে এসেছে জোয়ার
টুটেছে দুঃখের রজনী।
শীতের ফসল করে ঝলমল
উত্তরা বায়ু বহে চঞ্চল
সুনীল আকাশ মেলে অঞ্চল
ব্যাপী অনন্ত ক্রোশ।

ধুলি ধুসরিত পথ প্রান্তরে
উদাসীন পরিবেশে
সন্ধ্যা রবির পরশ মাণিক
ছোঁয়ায় উঠে গো হেসে।
আসিয়া মকর পুণ্য লগনে
আনে প্রশান্তি আননে আননে
পিঠে সন্দেশে মধুর ভোজনে
রহেনা কেহ উপোস।
সোনালী রৌদ্র কিরণ পরশে
এসেছে আবার পৌষ।

মাঘ মাস

কন্ কনে শীত গাহিতেছে গীত
আসিয়াছে মাঘ মাস
শীতের বস্ত্র পরিধানে সবে
করিতেছে গৃহবাস।

কৃষক কৃষাণী ভবনে ভবনে
গোলা ভরা ধান রয়েছে এক্ষণে
ভোরের কুয়াশা কভু বা আসিয়া
দুনিয়া করিছে গ্রাস।

ছোট থেকে দিন হইতেছে বড়
ক্রমশ জগত জীবনে
মকর গঙ্গা পুণ্য স্নানেতে
পরিতোষ শত আননে।
পৌষের শেষে সবাকারে তুষি
আনিয়াছে মাঘ এ জগতে খুশী
এসেছে তৃপ্তি এনেছে মুক্তি
মিটে গেছে শত আশ।

পাতায় পাতায় বাজিছে নূপুর
আসিবেই ঋতু বসন্ত
আলোই আলোই জাগিতেছে ভালো
ভরে গেছে দিগ্ দিগন্ত।

পক্ষী কুলেরা আকাশে আকাশে
উড়িতেছে যেন অলস আয়েসে
ফাগুনে আগুন আনিবার তরে
হইতেছে শীত হ্রাস।
কন্ কনে শীত গাহিতেছে গীত
আসিয়াছে মাঘ মাস।

ফাল্গুন মাস

শীতের সূর্য পশ্চিমাকাশে
এলো ফাল্গুন মাস
বৃক্ষে বৃক্ষে মুকুলেরা হাসে
করি কত পরিহাস।
জগত জীবনে শুধু কোলাহল
বহিতেছে যেন নদী কলোরোল
মধুপ ভ্রমর লয় প্রস্তুতি
রেণুরে করিতে পাশ।

তরু শাখে শাখে কচি কিশলয়
যাত্রা করেছে শুরু
সুনীল আকাশ আরো উজ্জ্বল
নাই মেঘ গুরু গুরু।
জীব কুলে শুধু সুখ আনন্দ
আনিয়াছে এক নবীন ছন্দ
গৃহে গৃহে কত ছাত্রের দল
করিছে পাঠাভ্যাস।

এসেছে ফাগুন জ্বেলেছে আগুন
প্রকৃতির রূপ তরঙ্গ
প্রজাপতি সম মেলিয়াছে পাখা
ওরে ভাই একি আনন্দ।

বৃক্ষ শাখাতে ডাকিছে কোকিল
খুলিয়া দিয়াছে ঋতুরাজ খিল
হেরি বসন্ত রূপ বিস্মিত
প্রভাতে করিছে হাস।
শীতের সূর্য পশ্চিমাকাশে
এলো ফাল্গুন মাস।

চৈত্র মাস

কিংশুক কুলে লাগিয়াছে রং
এসেছে চৈত্র মাস
ভবনে ভবনে জাগিতেছে শুধু
দুনিয়ার উল্লাস।
অম্বর তল আরোই সুনীল
আনন্দে এক উড়িতেছে চিল
আবহাওয়া আরো আরামদায়ক
মানবের দুঃখ নাশ।

বৃক্ষে বৃক্ষে গজায়েছে কত
নবীন নবীন পাতা
ছেলে মেয়ে শত যায় স্কুলে
লইয়া গ্রন্থ খাতা।
জগত জীবনে আলোর জোয়ার
পুকুরেতে মীন দিতেছে সাঁতার
ক্রিকেট খেলাতে আতসবাজিতে
কাটিতেছে দিন মাস।

প্রখর রৌদ্র তবু তো ভদ্র
আসিয়াছে ঋতু বসন্ত
উত্তল হাওয়া বহে শন্ শন্
জাগিতেছে দিগ্ দিগন্ত।
নিকট লাগিছে যাহা আছে দুর
ইঙ্গিতে যেন ডাকিছে সুদূর
ঐ মাঠে গরু হইতেছে শুরু
বৈশাখী অধিবাস।
কিংশুক কুলে লাগিয়াছে রং
এসেছে চৈত্র মাস।

প্রকৃতি পর্যায়

প্রকৃতি ও কবি

উন্মুক্ত এ প্রকৃতির কোলে
বসে আছি দুটি আঁখি খোলে।
শুন্যে শুভ্র মেঘ চলে ভেসে
নীলাকাশ উকি মারে হেসে
পথে লোক হাঁটিছে আয়েসে
সাথী সঙ্গে কত কথা বলে।
উন্মুক্ত এ প্রকৃতির কোলে।

মৌন মূক বৃক্ষ পত্র লতা
কহে কত লয়ে আকুলতা
কহ কবি কহ কুশলতা
কহে কথা কত কৌতুহলে।
উন্মুক্ত এ প্রকৃতির কোলে।

অতীন্দ্রিয় সেই সুপরশ
প্রতি অঙ্গে আনিল হরষ
অক্ষি দুটি হইল সরস
ভরে উঠি সুখ অশ্রু জলে।
উন্মুক্ত এ প্রকৃতির কোলে।

মাঝে মাঝে ঐ হেন প্রাণবন্ত রূপ
কাছে আসি ধরা দেয় হয়ে যাই চুপ
রিক্ত এ শুন্য প্রাণ হই যেন ভূপ
লিখে যাই কবিতার ছলে।
উন্মুক্ত এ প্রকৃতির কোলে।

প্রকৃতির কেলি

মধ্যাহ্নের পড়ন্ত বেলা।
রূপসী এ প্রকৃতির পানে
চেয়ে আছি মুগ্ধ নয়ানে
পশ্চিমা সুমন্দ সমীরণে
হৃদয় আমারি আছে মেলা।
মধ্যাহ্নের পড়ন্ত বেলা।

আম্র অর্জুনের গাছে গাছে
শাখে শাখে কিশলয় আছে
বসন্ত আসিয়া কাছে কাছে
অনন্ত তরঙ্গে দেয় দোলা।
মধ্যাহ্নের পড়ন্ত বেলা।

আন্দোলিছে শিরিশের সারি
আঁখি প্রান্তে অনিলে বিহারী
মেঠো পথে সহসা নেহারি
শিশু দল করে নৃত্য খেলা।
মধ্যাহ্নের পড়ন্ত বেলা।

শিখিরা পেখমে যথা মেলি
প্রকৃতি করিছে তথা কেলি
আমি হেথা শত কাজ ফেলি
রাখিয়াছি আঁখি দুটি খোলা।
মধ্যাহ্নের পড়ন্ত বেলা।

অন্ধকার

অনন্ত জমাট অন্ধকার।
প্রভাকর নিস্প্রভ আননে
অস্ত গেছে শেষ স্বর্ণ দানে
রূপসী নিশির আগমনে
হয়েছে নিখিলে সমাহার।
অনন্ত জমাট অন্ধকার।

পুঞ্জ পুঞ্জ তারকাতে হইয়া খচিত
কালো রূপ আলো হয়ে আকাশে উদিত
সুদূর প্রসারী আঁখি করি বিস্ফারিত
হেরিত হয়েছি চারিধার।
অনন্ত জমাট অন্ধকার।

অবনীর কোলাহল হয়েছে বিলয়
পাখিরা এসেছে ফিরে শাখির নিলয়
পথে নাহি উপনীত নিশিথ হৃদয়
হেথা আমি একা শুধু আর—
অনন্ত জমাট অন্ধকার।

বৃষ্টি

ঝরে অবিরাম বৃষ্টি।
তরল রজত ধারার সম
নামিছে নয়ন নিকট তম
চাহিয়া চাহিয়া হৃদয়ে মম
স্বতঃই লাগিছে মিষ্টি।
ঝরে অবিরাম বৃষ্টি।

উল্লাসী শত ধানের ক্ষেত
লভিছে আপন অভিপ্রেত
ঢেকেছে তপন সোনালী শ্বেত
সিক্ত হইছে কৃষ্টি।
ঝরে অবিরাম বৃষ্টি।

হেরি আকাশের কোণে কোণে
বিজুলি ঝলকে আলোক আনে
মেঘ গুরু গুরু গরজনে
শঙ্কিত করে সৃষ্টি।
ঝরে অবিরাম বৃষ্টি।

ছুটিতেছে নদী অপার জলধি
উথলিয়া ওঠে দুকূল অবধি
এ জগত পানে চাহি নিরবধি
মুগ্ধ হইছে দৃষ্টি।
ঝরে অবিরাম বৃষ্টি।

প্রভঞ্জন

মাঠ ঘাট বন হইল বিজন
স্তম্ভিত বসুধরা
গগনের পরে প্রলয় সমরে
বহিল পবন ধারা।

দিবস দুপুরে নামিল সন্ধ্যা
লুকাইল দিন মণি
নভ পারাবারে উঠিল তুফান
তুলিয়া তুমুল ধ্বনি।

জগতের যত জঞ্জাল রাশি
সরাইতে কোন্ ঝাড়ুদার আসি
অবনী আগারে নামাইল ঝাঁটা
ক্রোধিত পাগল পারা।

শত শত গ্রাম সাজিল শ্মশান
নিমেষে হইয়া পতিত
তরু রাজি কত মড়্ মড়্ রবে
ভূতলে হইল শায়িত।
নিখিল দ্যুলোক ভূলোক ব্যাপিয়া
দক্ষ যজ্ঞ দিল বাধাইয়া
ধূলি ধূসরিত করি শত দিকে
টলায়ে সৃষ্টি সারা।

সাঙ্গ হইল তাণ্ডব লীলা
প্রকৃতির নব ইঙ্গিতে
বিধাতার বাঁশি উঠিল বাজিয়া
সুর লহরীত সঙ্গীতে।

আকুলিত প্রাণ নাচিয়া নাচিয়া
হইল আপন হারা।
গগনের পরে প্রলয় সমরে
বহিল পবন ধারা।

কুসুম

হে কুসুম বৃক্ষের বৃন্তে তুমি রহ
প্রস্ফুটিত হয়ে অন্যে কর শোভা দান
সৌন্দর্য্য পিপাসু আঁখি সদা তুমি দহ
থরে থরে ফুটি হও সাজানো উদ্যান।
কেহ দেবতার পদ পাইতে অঞ্জলী
নিতি নিতি যাও তরে পূজারিনী থালে
পাপড়ি গুটাও কেহ আইলে গোধূলি
মেল পুনঃ দলে পুনঃ প্রভাতের কালে।
মধূপ ভ্রমর করি তোমাতে বিহার
অন্য ফুলে নিয়ে যায় বয়ে তব রেণু
হেন পথে হয় তব বংশের বিস্তার
প্রকৃতির করে তবে বাজে তার বেণু।
'হে কুসুম তোমারেই শুধু ভালোবাসি
তোমারেই অনিমেষ চাহিতে প্রয়াসী।'

সন্ধ্যা

বাতাসে করিয়া ভর বিহঙ্গের দল
কুলায়ে ফিরিছে কত করি কোলাহল।
ধেনুরা ফিরিছে গৃহে পিছনে রাখাল
উড়িতেছে পথ ধূলি এল সন্ধ্যা কাল।
ডুবিছে রক্তিম রবি পশ্চিম আননে
আঁধার আসিছে নামি বিজন কাননে।
আকাশের গায়ে তারা উঠিল ফুটিয়া
মুটে মজুরের দল আসিল ফিরিয়া।
তুলসী তলাতে বধু বাজাইল শাঁখ
জননী ছেলেরে খুঁজি দিল এক হাঁক।
বহেনা বাতাস হেরি নিথর নিরব
সারি সারি দাঁড়াইয়া রহে বৃক্ষ সব।
ঘনায়ে আসিল রাতি এল তারি সাড়া
দিবসের কর্ম হতে পেল সবে ছাড়া।

বাঁশের ঝাড়

হেথায় বসে দেখছি আমি
পূবের পানে চেয়ে
রয়েছে এক বাঁশের ঝাড়
পাতায় পাতায় ছেয়ে।
সবুজ বরণ পাতা গুলি
দিচ্ছে হাওয়ায় দোলা
তাই দেখে মোর হৃদয়খানি
করেছে দ্বার খোলা।
মোদের বাড়ির পিছনে সে
দাঁড়িয়ে অনুক্ষণ
রাতের বেলা গেলে সেথায়
গা করে ছম্ ছম্।
ঘুটঘুটে এক জমাট আঁধার
ঢাকা সে জায়গা
ভুতুড়ে তার গল্প শুনি
শিউরে উঠে গা।
কেউ বলে এক ব্রহ্ম দৈত্য
করে সেথায় বাস
এ গাছ ও গাছ পা দিয়ে সে
হাসে বিকট হাস।
কেউ বলে গো রহে সেথায়
সন্ন্যাসী এক ঠাকুর
ধব্ ধবে তার দেহের বরণ
বিদেহী তার সুর।
কিন্তু আমি নিজের চোখে
দেখিনে সে কভু
হয়তো সবই মিথ্যে হবে
ভয় করে তো তবু।

নক্ষত্র

আকাশের বৃন্তে ফুটি হে নক্ষত্র তুমি
দুলিছ পুষ্পের প্রায় এ ধরণী ভূমি
তলে ভরি আঁখি দুটি করি নিরীক্ষণ
মোরা তব দ্যুতি ছায় তোমার স্পন্দন
হেরি হয় মিটি মিটি। হে জ্যোতিষ্ক কহ --
সৃষ্টি তব কোন মহাযুগে?অহরহ
ঘটিতেছে বক্ষে তব কোন বিস্ফোরণ?
কত শত বিজ্ঞানীর অতন্দ্র সাধন
খুঁজিতেছে সেই সদ্ উত্তর। কবিরা
মুগ্ধ নেত্রে চাহি গাঁথিছে সঙ্গীত ধারা
মূর্তময়ী কত শত ছন্দ নব নব
তোমার উপমা ছানি। তোমার বৈভব
অফুরান অপরূপ রূপেতে খচিত
নিত্য খুঁজিতেছে রত্ন তাঁহারা সতত।

আকাশ নিয়ে

ঐ দূরে যাচ্ছে দেখা
সুনীল বরণ আকাশ
ওর পানে আজ চেয়েই আছি
তবু যেন মেটেনা আশ।
নিত্য সেথায় ওঠে ডোবে
চন্দ্র তপন তারা
ওদের কথা ভেবেই চলি
পাইনে কুল কিনারা।
কিই--বা তাদের কায়া গঠন
কিই--ইবা হোল গতি?
কেন সবাই ছড়ায়ে চলে
এত আলোর জ্যোতি?
কোন অতীতে জনম লভি
বিনাশ ওদের কবে?
কোথায় নভের কুল কিনারা
বিপুল বিরাট ভবে?
এসব গবেষণায় রত
কত সে বিজ্ঞানী
সারা জীবন কাটিয়ে দিলেন
ভেবে অবাক মানি।
দানের সেরা দানে তাঁদের
পূর্ণ জগত ধাম
তাঁদের পায়ে রইল আমার
ভূমিষ্ঠ প্রণাম।

সাহিত্য পর্যায়

ভারত গরিমা

এই যে আমার ভারতবর্ষ এই যে আমার আপন দেশ
বিশ্ব যেথায় দেখেছে প্রথম জ্ঞান গরিমার আলো প্রবেশ।
যার সভ্যতা ঐ রোম গ্রীস
গ্রহন করেছে করি কুর্নিস
ধর্মে কর্মে জ্ঞান গরিমায় গড়েছিল যেথা শুভ পরিবেশ।

বৈদিক যুগ বর্তিকা লয়ে জ্বালিল প্রদীপ খানি
মুণি আশ্রম ভবনে ভবনে গাহিল সামের বাণী।
ঋষির কণ্ঠে দিয়া ঝঙ্কার
প্রকাশ হইল যেথা ওঁ কার
'জাগো অমৃতের পুত্র মানব' প্রচারিয়া ছিল উপদেশ।

অঙ্কে যাহার লভেছে জনম পুরুষোত্তম যত
শ্রী রাম চন্দ্র শ্রীকৃষ্ণাদি ভগবান আদি শত।
এসেছে নানক বুদ্ধ কবীর
রামানুজ শঙ্কর মহাবীর
শ্রী রামকৃষ্ণ শ্রীচৈতন্য যেথায় হইল সমাবেশ।

যার স্থাপত্য শৌর্যে শোভিত ইলোরা অজন্তায়
মানবতা বাদী সম্রাট গন ইতিহাসে শোভা পায়।
বক্ষে যাহার অশোক মহান
শিলালিপি লিখি নিবেদিত প্রাণ
কত সে বৌদ্ধ জাতক কাহিনী লভেছে জগতে শ্রদ্ধা অশেষ।

ধর্ম যেখানে সদা বিরাজিত ত্যাগই যাহার মন্ত্র
সংস্কৃতি যার ওড়ালো ধজ্বা যেমতি পূর্ণ চন্দ্র।

ভাষা ও বর্ণ বহু বিচিত্র
দিকে দিকে হেরি ভরিল চিত্ত
বর্তমানেতে যদিও পিছনে তবু তো অতীত গৌরব বেশ।

'এবার কেন্দ্র ভারতবর্ষ ' বলেছে বিবেকানন্দ
ভারতের রবী দিয়াছে বিশ্বে কাব্যে নবীন ছন্দ।
আবার জাগিবে ভারতবর্ষ
রোপিয়াছে ঋষি সেই আদর্শ
দিকে দিকে সেই ভবিষ্যবাণী বাজিছে কর্ণে নূতন রেশ।

ছাব্বিশে জানুয়ারি

আবার এসেছে পরিচিত সেই
ছাব্বিশে জানুয়ারি
দুবাহু বাড়ায়ে অধির নয়নে
করি আহ্বান তারি।
শত শহীদের পূজার মন্ত্র
দিয়া অর্চনা এ প্রজাতন্ত্র
এই দিবসের গাহি বন্দনা
ডালিয়া পুষ্প সারি।

কত সংগ্রামে এ ভারত হতে
হটাইতে ইংরেজ
কত হতে ক্ষত ঝরেছে রক্ত
হত গেছে কত তেজ।
স্মরণ করিয়া এই সে দিবসে
করিছি পালন মনের হরষে
শপথ লইনু মর্যাদা দিয়া
মোরা শত নরনারী।

গড়িব আমরা নূতন ভারত
আরোই শক্তিশালী
দিব আরো ত্যাগ ও অনুরাগ
দিব যে রক্ত ঢালি।

আজো এ ভারত তৃতীয় বিশ্বে
ভরাইয়া দিব সোনার দৃশ্যে
আজি এ পূণ্য লগনে তাহার
ঢালি অভিষেক বারি।

বিবর্তনের ধারা

গ্রামের মানুষ শহরেতে আসে
বাঁধে শহরেতে ঘর
গ্রাম্য হইতে ক্রমশঃ শহুরে
হোন্ তারা রূপান্তর।

যুগে যুগে এটা হয়েই চলেছে
নদী কুল যথা সমুদ্রে গেছে
বিবর্তনের ধারা বেয়ে বেয়ে
বুদ্ধির করি ভর।

সমুদ্র সম হয় যে শহর
যেথা বুদ্ধির খেলা
উচ্চাকাঙ্খী মানবের কুল
ভাষায় যাহাতে ভেলা।

শত সহস্র গ্রামের মানুষ
শহরেতে আসে ওড়ায় ফানুস
চীরস্থায়ী বসতি স্থাপন
গড়ে হেথা সুন্দর।

বলাও চলাতে হয় মার্জিত
পোষাকে পরিচ্ছেদে
গ্রামের মানুষ শহরেতে এলে
বিপুল আসে এ প্রভেদে।

গ্রামে খোলা হাওয়া মুক্ত জীবন
শহরে বদ্ধ মশা জ্বালাতন
প্রচুর সুবিধা তবু অসুবিধা

মোহময় এ শহর।

যদিচ গ্রামই গড়েছে স্বর্গ
গ্রামই গড়েছে দেশ
শত প্রয়োজনে তবু গ্রামবাসীর
শহরে রয়েছে প্রবেশ।

গ্রাম ও শহর জানিনা কে বড়
এই বিতর্ক ছাড় ভাই ছাড়
গ্রাম ও শহরে আছে মিলেমিশে
দেশের প্রতিটি স্তর।

মোর গ্রাম

মোর ভালো লাগে গ্রাম।
রৌদ্র করোজ্জ্বল যেথা আলো অবিরাম।
যেথা বহে মুক্ত বায়ু
বাড়াইতে পরমায়ু
পাখির কুজনে যেথা মুখরিত ধাম।
মোর ভালো লাগে গ্রাম।

ঐ যেথা নাই নিত্য যন্ত্রের ঘর্ঘর
শোনা যায় মৃদু মন্দ পাতার মর্মর
সবুজে অবুঝ মনে নিত্য দেয় আরাম।
মোর ভালো লাগে গ্রাম।

জল নিয়ে সারি সারি যায় গৃহ বধু
গল্প করে কুয়ো পাড়ে ঝরে পড়ে মধু
যেখানে দেহেতে সুখ---মনেতে বিশ্রাম।
মোর ভালো লাগে গ্রাম।

যেখানে অস্থির চিত্ত স্থির হয়ে রাজে
যেখানে যাইতে প্রাণ রাগিনীতে বাজে
গোধূলির দৃশ্য যেথা নয়নাভিরাম।
মোর ভালো লাগে গ্রাম।

রয়েছে দারিদ্র্যে ভরা যাহার কুটির
মনে তা পড়িলে কত ঝরে অশ্রু নীর
যেথায় ----সে ঠাঁই মোর হয় জন্মধাম।
মোর ভালো লাগে গ্রাম।

কর্তব্যের কঠোরতা সম্মুখেতে মোর

হইয়াছি উপনীত শহরের দোর
তবু যাঁরে নিত্য প্রাতে করিছি প্রণাম।
সেই মোর ভালো লাগে গ্রাম।

মিড ডে মিল

দু হাজার চার সেপ্টেম্বর মাস
সুপ্রিম কোর্টে আইন হোল পাশ
প্রাথমিক বিদ্যালয়ে
এলো তার বিল।
মিড ডে মিল।

বাজিলে বেলা দশটা
ছাত্র আসিবার ঘটা
থালা হাতে থলি কাঁধে
আসে পিল পিল।
মিড ডে মিল।

ডেগ মাথায় লয়ে জ্বালানি
দুই তিন জন আসে রাঁধুনি
শিক্ষক করেন বাজার
না হোন শিথিল।
মিড ডে মিল।

ডব ডব করে খিঁচুড়ি
গল্প করে রাঁধুনিরা জুড়ি
শিক্ষক পড়ান ছাত্রে
যত্নে তিল তিল।
মিড ডে মিল।

বাজিলে বেলা দুইটা
ভোজনের ঘন ঘটা
সারি সারি ছাত্র বসে
হইয়া সামিল।

মিড ডে মিল।

মাছ মাংস ডিম আদি
পায়েস খিঁচুড়ি রাঁধি
রাঁধুনি মাতারা দেন
সবে করি মিল।
মি ডে মিল।

এত আনন্দ আয়োজন
ছাত্র ছাত্রীদের ভোজন
প্রধান শিক্ষকের তবু
সমস্যা জটিল।
মিড ডে মিল।

হিসাব নেন ভিইসি কমিটি
পঞ্চায়েতে ছুটা ছুটি
এস আই অফিসে দিতে হয়
হিসাব দলিল।
মিড ডে মিল।

আছে সুখ আছে দুঃখ
দুঃচিন্তাতে দীর্ণ বুক
এরি মাঝে আছে তবু
মুক্তির খিল।
মিড ডে মিল।

শহরের কৃত্রিমতা

শহরের সকলি কৃত্রিম।
কৃত্রিম জীবন তার
কৃত্রিম চলন তার
কৃত্রিমতায় কায়া তার ভীম।
শহরের সকলি কৃত্রিম।

বিলাসের প্রাচুর্য
হাত বাড়াইলে স্বর্গ
ভোগ্য দ্রব্য যেন খোসা ডিম।
শহরের সকলি কৃত্রিম।

বিজ্ঞানের সহস্র সম্ভার
শহরেতে জয় জয় কার
নাই হেথা কিছুই আদিম।
শহরের সকলি কৃত্রিম।

প্রকৃতির স্বভাব সৌন্দর্য্য
শান্তির যেটা অপরিহার্য্য
এখানে তা রূপান্তর হিম।
শহরের সকলি কৃত্রিম।

শহরকে হেরিলাম দীন
বাজায়েছি তবু তার বীণ
প্রয়োজন অনন্ত অসীম।
শহরের সকলি কৃত্রিম।

শহর

শহর আরামপ্রদ হয় সুপ্রচুর
বড় বড় অট্টালিকা সেথা দেখা যায়
যাহা কিছু দ্রব্য চাও এসে যাবে পুর
তৎক্ষণাৎ এ সুবিধা শহরেতে পাই।
শিক্ষা ও চিকিৎসার বহু অনুকূল
শহরেতে বাস তাই বিলাসিতা প্রায়
তাই শহরেতে বাস সকলেতে চায়।

যার হাতে পয়সা আছে সেই ত শহর
বাস করে সুখ পায় নচেৎ তা নয়
পদে পদে পয়সা চাই নতুবা ফাঁপর
বিচরিতে শহরেতে আরো আছে ভয়
যানবাহন চলাচল অসংখ্য সে তাই
পদে পদে সচেতন পথে হতে হয়
চোর গুণ্ডা উৎপাৎ আরো আছে ভাই
অসাবধানে দুর্ঘটনা নিত্য লেগে রয়।
মশার উৎপাত সেথা নিত্য জ্বালাতন
শহর সবার সেরা শুন দিয়া মন।

আরো আছে দারিদ্র্যতা---ঘিঞ্জি গলি রেখা
বিচিত্র জীবিকা আছে নানা মানুষের
সারি সারি দোকান পাট যায় শুধু দেখা
রিক্সা চালকের সংখ্যা রহিয়াছে ঢের।
টটো ও টেম্পো যান ঘুরিছে প্রচুর
এই মত দৃশ্যমান শহরের পুর।

কত আছে কোটি পতি লক্ষপতি কত
অন্ধ খঞ্জ কুষ্ঠ রোগী ভিখারী সে রয়

সবে মিলে শহরের চিত্র এই মত
অফিস আদালত বহু নানা স্থানে হয়।
গ্রামের মানুষ সেথা যায় শত কাজে
হাট বাজারাদি সারে কাটায় সময়
ডাক্তার দেখাতে যায় কেহ কোটে রাজে
শহরের প্রয়োজন বলিবার নয়।
ভাড়ার বাড়িতে কত রয়েছে প্রবাসী
শহর বাসেতে কত রয়েছে বিদেশি।

কিন্তু শহরেতে কেহ নয়কো আপন
শহর বাসের দুঃখ প্রধান এমন।
শহর বাসেতে নর ভুগে একাকীত্ব
শহর বাসেতে বাড়তি খরচা আছে অর্থ।
শহরেতে ভয় ভয় অজানা কারন
অবশ্য থাকিতে হয় সদা সচেতন।
শহর বাসীরা হয় প্রায়শঃ কৃত্রিম
সদা সচেতন যথা পুকুরেতে মীন।
আন্তরিক স্পর্শ পেতে লাগে বহু দিন
একথা সকলে জানে বালক প্রবীন।
শহরেতে কেউ কারো করে না বিশ্বাস
শহর বাসের বাধা করিনু প্রকাশ।

উন্নত জীবন আছে আলোকের স্বাদ
শহর বাসেতে তবু আছে অবসাদ।

মৃত্যু

হে মৃত্যু তুমি মম হও প্রাণ সখা
তোমারে করিনা ভয় ভেবে নাহি পাই
কোন দিন তব সাথে হবে সেই দেখা
মহা সমাধির কোলে দিবে যবে ঠাঁই।
তুমি হও ধ্রুব সত্য ললাটের রেখা
একথা পারে না কেহ করি অস্বীকার
হে মহা মহীয়ান তুমি চীর অন্ত লেখা
যে করে তোমারে ভয় তাহারে ধিক্কার।
তোমারে স্মরণ করি কর্তব্যের পথে
এভব বারিধি নিত্য করেন সাঁতার
যিনি রেখে যান কীর্তি এ মর জগতে
তাঁর কাছে পরাজয় তব অধিকার।
মহাজ্ঞানী মহাজন দিয়াছেন বলি
তাঁরাও তোমার পায়ে পড়েছেন ঢলি।

ধীরের মহিমা

সমুদ্র মন্থনে লক্ষী ওঠে অতি ধীর
ধীরের মহিমা বাক্যে বর্ণিতে না পারি
অতি ধীরে চল পথ লক্ষ্যে হও স্থীর
চঞ্চলতা ত্যজি হও ধীরের পূজারী।
প্রভাতের সূর্য ওঠে পূরব গগনে
মধ্যাহ্নে মধ্যম স্থানে বাঁধে তার নীড়
পশ্চিম গগনে ঢলে যথা অপরাহ্নে
কত ধীর সেই গতি ভেবে হও ধীর।
তাঁর সেকেণ্ডের পথ মাপিবারে নারে
চর্ম চক্ষে যদি নর ফেলে অশ্রু নীর
সূর্যের চলার সূত্র এই সারাৎসারে
লহ বন্ধু কালে কালে হও তুমি ধীর।
চঞ্চলতা আবেগ ও হঠকারিতা
ত্যাগ কর ধীরে চল এই সার কথা।

নূতন বৎসর

আইল নূতন দিন
নব রূপে ঝলমল
উদিল নূতন ঊষা
পূরাতন উজ্জ্বল।

মুছিয়া বিগত মলিন
এবারে উদিল নবীন
নূতন বৎসর আজি
প্রস্ফুটিত শতদল।

ভুলিব অতীত ব্যথা
শত শত ব্যর্থতা
নূতন শপথ লয়ে
পুতিব বিজয় পতাকা।

ভরাইব এ জগত
ইটে ইটে ইরামৎ
তৃষিত তাপিত প্রাণ
হাসাইব খল খল।

নববর্ষ

নবীন আশাতে ভরাইয়া ডালি
আসিয়াছে নববর্ষ
শত কোটি কোটি মানবের প্রাণে
আনিয়াছে আজ হর্ষ।
প্রবীন ঘটনা হোল অবসান
মৃত হোল কত উৎসুক প্রাণ
গড়ে উঠি কত নূতন সোপান
কত সুখ পেল স্পর্শ।

জগত জীবনে আরো কত শত
ঘটিবে নিত্য ঘটনা
কত সে মিথ্যা গুজবে সত্য
হইবেক কত রটনা।
ঘটে নাই যাহা কত অঘটন
তাহাই ঘটিবে নিত্য নূতন
কালের করালে হবে পুরাতন
বিধাতার সে আদর্শ।

শীলাকোচ বাসের নিত্য যাত্রী

বাসা হতে নিত্য একি
এসে বাস স্ট্যান্ডে দেখি
দাঁড়ায়ে রয়েছে এক বাস।
শীলাকোচ বাস।

টিকেট এজেন্ট গন
দুয়ারে দাঁড়ায়ে রন
শুধুই টিকেট কাটে
যাত্রী আশপাশ।
শীলাকোচ বাস।

আমি ও টিকেট কাটি
নিত্য গিয়া বাসে উঠি
কভু পাই সীট কভু
ঘন দীর্ঘশ্বাস।
শীলাকোচ বাস।

বাজিলে বেলা সাড়ে নয়
বাস আসিবার সময়
ঘন ঘন সিটি বাজে
ড্রাইভারের স্ট্রাট।
শীলা কোচ বাস।

বাজারে রয়েছে ভীড়
বাস চলে ধীর ধীর
রোড জাম হলে পরে
ব্রেকে পড়ে চাপ।
শীলা কোচ বাস।

বাস ছুটে হন্ হন্
হাওয়া বহে শন্ শন্
গল্প গুজবে ওঠে
বাসে উল্লাস।
শীলা কোচ বাস।

আসিলে টকোরা মোড়
নামিবার তোড়জোড়
সাইকেল ধরিয়া ছুটি
ইস্কুলের ক্লাস।
শীলা কোচ বাস।

দু চোখে দেখা

দু চোখ ভরে দেখ রে ভাই
জগত টাকে দেখ
আকাশে রয় কত তারা
গনতে তাদের শেখ।
গ্রাহেরা সব চাকার মতো
ঘুরছে তাদের কক্ষে সেতো
গগন তলে কত পাখি
উড়ছে ঝাঁকে ঝাঁক।

সুন্দরেরি হাট বসেছে
ধরার পরে ঐ
সবুজ রং এর গাছের পাতা
চোখ জুড়িয়ে রই।
সোনার বরণ রামধনু রং
ভোরের উষার উজল কিরণ
মানব কুলের মধুর হাসি
লিপিতে আজ লেখ।

কত নদী কত পাহাড়
কত তাদের শোভা
কচুরি পানায় ভরে আছে
খানা পুকুর ডোবা।
লাগবে চোখে একই সে সুর
মধুর তারা সবাই মধুর
হাঁটছে পথে কুকুরেরা
ডাকছে ডোবায় ভেক।

একা চলা

যদি একা হও রে তুমি
তাও ছুটে যাও নেচে
কেউ যদি না বলে কথা
বল যেঁচে যেঁচে।

একাই চল একাই চল
বাড়বে তোমার বুকে বল
আশার প্রদীপ নিভাইওনা
যদি থাক বেঁচে।
আপন গোঁ তে যাও চলে যাও
যা বুঝেছ নিজে
পিছন পানে না তাকায়ে
পথ চলে যাও খুঁজে।
যা তুমি বুঝেছ ভালো
সেই ত তোমার জ্বালবে আলো
সেই ঘুচাবে সকল কালো
সাগর দিবে সেঁচে।

বিদায়

বিদায় বন্ধু বিদায়
মোদের ত্যজিয়া চলে যাবে তুমি
সহনে তা নাহি যায়।

কত সে পূণ্যে পেয়েছিনু তোমা
এ আসরে তুমি ছিলে পূর্ণিমা
হে রাজা ধীরাজ বিদায় বিরহে
করি শুধু হায় হায়।

মানব জীবন তটিনীর সম
ছল ছল তার জল
উৎস হইতে মোহানার দিকে
প্রবাহিছে অবিরল।
(তার)লহরীর প্রায় এই ভালোবাসা
চক্ষে ধরায় বহু তর নেশা
ক্ষণে ক্ষণে ভাঙ্গে ক্ষণে ক্ষণে গড়ে
কালের তট ধারায়।

মনে পড়ে সেই সোনালী সুদিন
এক সাথে পথ হাঁটা
তব সাথে কত হাসি খুশি খেলা
খাওয়া দাওয়া ভাগ বাঁটা।
একদা যে ছিল হৃদয়ে বিরাজে
বাজিবে রাগিনী হৃদয়ের মাঝে
ক্রমশ মিলাবে নিশার স্বপনে
সুখে থাকো বলি তাই।

কৃষ্ণ

হে কৃষ্ণ চরণে মম লও হে প্রণাম।
তোমার করুণা প্রাণে জাগে যেন যমুনা
মানস মুকুরে নিতি জাগে যেন নাম।

মরি মরি কিবা শোভা ও রূপ মাধুরী
দিব্য প্রভা আলোকিত পরম চাতুরী
শিখি পাখা হেরি মাথে বঙ্কিম ঠাম।

নাহি চাহি স্বর্গ নাহি চাহি মুক্তি
তোমারে সেবিতে চাহি এ কাতর উক্তি
অন্তরে প্রভু মোর নয়নাভিরাম।
হে কৃষ্ণ চরণে মম লও হে প্রণাম।

রবীন্দ্রনাথের প্রতি

হে কবিন্দ্র চূড়ামণি হে রবীন্দ্রনাথ
অতীন্দ্রিয় জগত স্থপতি
হে অবনী বরণীয় স্মরনীয় বপু
লহ মম সশ্রদ্ধ প্রণতি।
অন্তর তরঙ্গ তব হয়ে কেন্দ্রীভূত
সিন্ধু সম সৃজনী প্রতিভা
বিন্দু বিন্দু বহু বর্ষ ব্যাপী হয়েছে নিঃসৃত
স্ফুরিত করেছে ইন্দ্র ধনু বিভা।
সঞ্চিত সে মসী ধারা মন্দ্রিত সে ধ্বণি
অপূর্ব সে রূপে রসে গন্ধে
স্বতঃস্ফূর্ত সাহিত্য স্বীকৃতি করেছে বন্দিত
শত শত বিজ্ঞ সুধী বৃন্দে।
বঙ্গভাষা মৃন্ময়ীর গলে দোলায়েছ তুমি
গৌরবের দ্বীপ্ত মণিহার
অন্তহীন অভ্যাস বলে আনিয়াছ জিনি
অবনীর শ্রেষ্ঠ পুরস্কার।
যুগ যুগান্তর ভেদী হে উদিত রবি
সৃষ্টি তব অজেয় অক্ষয়
মৃত্যু হীন সভ্যতার বুকে প্রদীপ্ত হে তুমি
নিত্য কালে বিশ্বের বিস্ময়।

পঁচিশে বৈশাখ স্মরণে

পঁচিশে বৈশাখ তুমি ধন্য
অঙ্ক তব আলো করে অনন্য
প্রতিভা এক এসেছিল স্রষ্ঠা রূপে
পরিচিত হয়েছিল সাহিত্যিক দার্শনিক মহাকবি রূপে
বিশ্বের সমীপে।

সে যে এক মুখ চোরা ছেলে
ইস্কুল পালানো। ভাবীকালে
অবনীর শিক্ষা নায়ক।
বিশ্ব ভারতীর যিনি অমর জনক।

সে যে লিখেছিল অজস্র সঙ্গীত
গেঁথে ছিল গীতাঞ্জলি ---বিশ্ব দরবারে
যার হয়েছিল জিত এনেছিল অবনীর শ্রেষ্ঠ পুরস্কার।
বঙ্গ জননীর অঙ্গে অঙ্গে পরাইয়াছিল গৌরবের দ্বীপ্ত মণিরত্ন অলঙ্কার
অপূর্ব শোভায়।
ঘরে ঘরে বাঙালির জাগাইয়া ছিল
অনন্ত শিহরন শিরায় শিরায়।
হে কবীন্দ্র হে রবীন্দ্রনাথ আছে তব অসামান্য দান বাংলার নব
রূপ দানে। বিপ্লবী শার্দুল সকল
গভীর সম্মানে তব গান লুটে নিয়েছল। শৃঙ্খলিত ভারতের লৌহ অর্গল
যার বলে তারা
চূর্ণ করেছিল।

সুপ্ত তব প্রতিভার বিকাশ সাধনে
এসেছিল বহু শত বাধা অটল দুর্জয়।
হে ধীরাজ হিমাদ্রী ভূধর
তবু থামোনিতো তুমি

উপেক্ষিয়া সহস্র প্রলয় উপনীত
হয়ে ছিলে ধ্রুব লক্ষ্য ভূমি।

অনশ্বর নিখিল ভূবনে
যুগ যুগ ধরি অত্যুজ্জ্বল সৃষ্টি তব
অম্লান কিরনে প্রকাশিবে ছটা------
বছর বছর পঁচিশে বৈশাখে তব
আবির্ভাব ক্ষণে
তার লাগি হবে কত খুশির আসর
করি কত ঘটা।

হে বরেণ্য পঁচিশে বৈশাখ পূণ্য তুমি
পূণ্য তব নাম
তোমারি স্মরণে আজি ভক্তি ভরে নত করি মাথা সমর্পিনু সশ্রদ্ধ প্রণাম।

শিক্ষক

শিক্ষক যিনি হন
তিনি জাতির মেরুদণ্ড
তিনি জগতের আলো
করেতে জ্ঞানের ভাণ্ড।
বিকশিতে যথা বৃন্তে কুসুম
শিশুর সুপ্ত জাগাইতে ঘুম
দুই হাতে যাঁর করুণা পদ্ম
শিক্ষার মানদণ্ড।
শিক্ষক যিনি হন
তিনি জাতির মেরুদণ্ড।

সকলের দুঃখে হন সম দুঃখী
সকল গুণেতে গুণী
ধৈর্য্য স্থৈর্য্য সাহস সততা
শিরে শোভে যথা মণি।
যিনি শিক্ষক তিনি সুমহান
অলক্ষ্যে নিজে দেন বলিদান
স্বদেশের তরে সমাজের তরে
এই ত তাঁর আনন্দ।
শিক্ষক যিনি হন
তিনি জাতির মেরুদণ্ড।

শিক্ষার তিনি ধারক বাহক
সম প্রবাহিত গঙ্গা
মুখ নিঃসৃত মৃদু সুবাক্য
বাণীর মধুর ছন্দা।
এই শিক্ষক দেশের গর্ব
তবু কেন জাতি আজি অথর্ব

ফুকারিয়া ওঠে দশ দিশে কেন
বেদনা এই প্রচণ্ড।
শিক্ষক যিনি হন
তিনি জাতির মেরুদণ্ড।

ট্রেন যাত্রী

আমি ট্রেন যাত্রী।
অনন্তের পানে ধাবমান
নদী স্রোতে শৈবাল প্রমাণ
শুনিতেছি শুধু এক তান
বিশ্ব গান বিজ্ঞান মাতৃ।
আমি ট্রেন যাত্রী।

প্রচণ্ড ভীড়ের চাপে আমি কোন ঠাসা
ক্ষুদ্র এক বাঙ্ক পরে গুটায়েছি বাসা
ভুলিতেছি সুখ দুঃখ গনিতেছি আশা
ভাবিতেছি জ্ঞাতি বন্ধু ভাতৃ।
আমি ট্রেন যাত্রী।

পাশে এক অধ্যাপক দর্শনের তত্ত্ব
অনর্গল বলে যান হয়ে যেন মত্ত
শুনে চলি অতঃপর ভুলি একাকিত্ব
শ্রোতা গুটিকয় পাত্র পাত্রী।
আমি ট্রেন যাত্রী।
একটি শিশুর শুধু ট্যাঁ ট্যাঁ কাঁদা
মাঝে মাঝে আলোচনা দেয় আসি বাধা
কারো আঁখি ঢুলু ঢুলু কেহ ভীড়ে আধা
এক সাধু জপেন গায়ত্রী।
আমি ট্রেন যাত্রী।

এক সুরে ছুটে চলে গাড়ি
দেশ দেশান্তর দিয়া পাড়ি
ক্ষণে ক্ষণে ডাক ছাড়ি ছাড়ি
বুক চিরি তিমির ধরিত্রী।

আমি ট্রেন যাত্রী।

নিশির কালোর খেলা তারা ওঠা দুলে
মিলাইল প্রভাতের স্বর্ণ বেদী মুলে
তবু আমি ছুটে চলি গন্তব্যের কুলে
দৈব্য আজি সে প্রেরণা দাত্রী।
আমি ট্রেন যাত্রী।

ট্রেন অন্তে মন্দগতি হোল পুনর্বার
কর্ণে আসে কুলি কুলি বিকট চিৎকার
প্লাটফর্মে জনারন্য হাটের বাজার
ভিক্ষুক কত আর্ত আর্তৃ।
আমি ট্রেন যাত্রী।

বলরাম পুর

(পুরুলিয়া জেলার এক থানা শহর)

দুরকে করিয়া নিকট বন্ধু মন্দ্রিত করি পুর
মোটর ধ্বনিতে সদা মুখরিত এই বলরাম পুর।
মঙ্গলবারে হাটের আওয়াজ
মানব উৎসবে বন্দিত আজ
যথা মন্দির মসজিদ ধ্বনি জাগিতেছে সুমধুর।

লাক্ষা শিল্প বাণিজ্যে হেথা গড়েছে অমরাবতী
কত দূরদেশী বাঁধিয়াছে ঘর সুখের
বিহগ বাটি।
হেথা মানবের কল কল স্রোত
যথা সমুদ্র সৈকতে পোত
রাজ্যান্তর বাস তরণীতে ভীড়িতেছে সুপ্রচুর।

মহাধূমধামে রথের যাত্রা আষাঢ়ের
প্রীতি অর্ঘ্য
ভাদ্র অন্তে ছাতা উৎসবে নেমে আসে যেন স্বর্গ।
এত আনন্দ আলোকের পরে
জমে আছে দুঃখ তবু থরে থরে
শ্রম জীবনের জীবন যুদ্ধে রক্ত ঝরানো সুর।

আছে কৃষকের ঘরে ঘরে কত বুক ভরা জমা ব্যাথা
লেখনীতে তার লিখি ইতিহাস ভাষা নাহি পাই সেথা।
তার তরে শুধু আছে আঁখি জল
নীরবেতে হেরি ঝরে অবিরল
প্রতিকার হীন মরুভূমি পরে ধ্বণিছে অশ্বখুর।

পুরুলিয়া

তোমারে নিরখি আমার দু আঁখি উঠিল নাচিয়া নাচিয়া
শাল পলাশের জঙ্গলে ঘেরা হে আমার পুরুলিয়া।
হও তুমি মালভূমি
তবু তো তোমারে নমি
তবু তো তোমার বুক ভরা স্নেহ পারিনে উঠিতে শুধিয়া।

তোমার বক্ষ বিদারিয়া ছুটে তটিনী কংসাবতী
অযোধ্যা গিরি তুলিয়াছে শির সে তোমারি সন্ততি।
তোমার আগারে বাঁধিয়াছে ঘর
কত শত উপজাতি নারী নর
কালো দেহ হতে উপচিয়া আলো উঠিছে যাদের ঝলিয়া।

ছো নাচে ও সাঁওতালি নাচে মুখরিত হয় বছর
গানে গানে করে হৃদয় মোদিত আসিলে পৌষ মকর।
মোদের জীবন সুখে ও দুঃখে
ঝুমুর লহরী রহে মুখে মুখে কত কবি আহা হয়ে উৎসুক অমর হয়েছে
গাঁথিয়া।

তাঁদের মানব বন্দনা গীতি মর্ম করিছে স্পর্শ
দিবস রজনী হইয়া রাগিনী মোদের দানিছে হর্ষ।
ধ্বনিত হইয়া সে বাঁশির সুর
জীবন যাত্রা করেছে মধুর
হয়ে মানভূম গৌরব গাথা দশ দিশে চলে ছুটিয়া।

তবে মানভূম সেরা পরিচয় পুরুলিয়া বাসী চাষা
সেচ ব্যবস্থার নাইকো প্রগতি এইটি সর্বনাশা।
বর্ধমান হয় ক্রমবর্ধমান
মেদিনী পুরেতে সেই জয়গান

পুরুলিয়া কেন জীর্ণ দশাতে পাইনে ব্যাখ্যা খুঁজিয়া।

মধু কবি গাহি গিয়াছেন বলে পাষাণময় এ দেশ
কত আছে তবু খনি সম্পদ কে খুঁজিবে করি ক্লেশ।
এ কঠিন ঠাঁই হোল পুরুলিয়া
সব দিক থেকে যার অবহেলা নাই
কারখানা শিল্প বৃহৎ শিক্ষাতে পিছাইয়া।

যুগ যুগান্ত বঞ্চিত মোরা রিক্ত এমনি হায়
ধিকি ধিকি করি তুষের আগুন হৃদয়ে জ্বলিছে তাই।
নই কিগো মাতঃ মোরা সন্তান
ফুকারিয়া ওঠে সেই অভিমান
জন্ম দানিয়া কহ কেন মাতঃ হেলায় রেখেছ ফেলিয়া।

দার্জিলিং এর ডাক

চল যাই পাহাড়ের দেশে।
মেঘেদের সাথে যেথা হবে কোলাকুলি
তুষারেতে ঢাকা যেথা গিরিচূড়া গুলি
রূপময়ী দার্জিলিং ডানা দুটি মেলি
ডাক দেয় যেথা বাংলা শেষে।
চল যাই পাহাড়ের দেশে।

অতীব সুউচ্চ যেথা উঁচু নীচু পথ
সংখ্যা হীন সুবিস্তির্ণ বিশাল পর্বত
বিধাতার কি মহান সৃষ্টি সুমহৎ
আকাশের গায়ে রয় মেশে।
চল যাই পাহাড়ের দেশে।

সর্বশ্রেষ্ঠ আকর্ষণ সেই শৈল্যপুর
টাইগার হিলে সূর্যোদয় প্রভাতে মধুর
কাঞ্চন জঙ্ঘে পড়া সোনালী রোদ্দুর
জেগে ওঠা নিত্য রাজ বেশে।
চল যাই পাহাড়ের দেশে।

চিত্র সম ঝাউবন আছে সারি সারি
দৃষ্টি মাত্র মুগ্ধ করে যত নর নারী
সে স্বর্গপুরের কথা বর্ণিতে না পারি
ভুলিতে না পারি ভালোবেসে।
চল যাই পাহাড়ের দেশে।

গোয়া

পাহাড় সাগর সবুজ শ্রেণী ঘেরা যে হয় গোয়া
পর্তুগিজ ও ইংরেজ কুল ছিল আসা যাওয়া।
এমন বিশাল শহর দেশে
পৌঁছেছিলাম হেসে হেসে
ভ্রমণ যাহার অঙ্গ ছিল বইতে ছিল হাওয়া।

স্থানে স্থানে মন্দির যার স্থাপত্য কাহিনী
পথ দুধারে হেরি সবুজ নারিকেলের শ্রেণী।
তারি বুকে এমনি শহর
ঝলসে যাহার রূপের বহর
গীর্জা কত খৃষ্টান কুল ---হৃদয়েতে ছোঁয়া।

আঠারোটি সী বীচ আছে বিদেশ যোগাযোগ
ভ্রমণ করেন এমন যাঁরা করেন উপভোগ।
মনের রোগ যায় যে সেরে
যে জন হেথায় ঘোরে ফেরে
স্বপ্নেতে পাই এমনি সাগর বুকে তরী বাওয়া।

প্রকৃতি তার রূপ সম্পদ সব দিয়েছে বেশ
অফুরন্ত তারি ছটায় গর্বিত এই দেশ।
এমন দেশে বারে বারে
হাতছানি যে দেয় আমারে
'আবার এসো আবার এসো' উঠে যাহার গাওয়া।

অযাচক ঋষি

(স্বামী স্বরূপানন্দ পরমহংস দেব)

শ্রী শ্রী বাবা মণি
অযাচক ঋষি।
সাম্রাজ্য নাহি চায় নাহি চায় খ্যাতি।
জন সিন্ধু অন্তরালে আপনি লুকায়ে
বিশ্ব বাসী হিত লাগি নিঃশ্বেষি বিলায়ে
অস্থি মজ্জা করে দান জ্বলন্ত দধিচী।
অযাচক ঋষি।

দিগন্ত প্রতিভা ধর শুদ্ধ তপোবলে
ভস্ম করি মিথ্যা রাশি পুঞ্জিত ভূতলে।
অবনীতে সৃষ্টি করে দিব্য নর জাতি।
অযাচক ঋষি।

জ্ঞানী শ্রেষ্ঠ যোগীরাজ কর্মী চূড়া মণি
বাগ্মী শ্রেষ্ঠ যোগীরাজ তিনি বিশ্বপ্রেমী।
অখণ্ড মণ্ডলেশ্বর অদ্ভুত স্থপতি।
অযাচক ঋষি।

সুলেখক সু গায়ক তিনি সুকবি
তিনি কুলি মজুর ইঞ্জিনিয়ার আদি
চিকিৎসক কৃষক অভিক্ষু ব্রহ্মর্ষি।
অযাচক ঋষি।

লৌকিক জীবনী তাঁর অখণ্ড সংহিতা
রচিবারে স্বর্ণ যুগ অভিনব গীতা
শতাব্দী সাহিত্যাকাশে আদিত্য প্রকাশি।

অযাচক ঋষি।

প্রণব গায়ত্রী গুপ্ত ভারতের ধন
স্ত্রী শুদ্রে অকাতরে করি বিতরন
উন্মোচন করি দিল বৈদিক প্রগতি।
অযাচক ঋষি।

জ্যোতির্ময় ব্রহ্ম পদে হইয়া বিলিন
ঝংকৃত করিয়া যান আজো তাঁর বীণ।
সমর্পিনু ও শ্রীপদে সশ্রদ্ধ প্রণতি।
অযাচক ঋষি।

খুশির বৃষ্টি

অনেক দিবস পরে আবার
মেশে হবে মাংস
করব সবে আয়েস করে
ভর্তি থালা ধ্বংস।
আমিষ বিরূপ মুখে মুখে
পড়বে গো আজ মিষ্টি
দুপুর বেলায় ভোজন শালায়
পড়বে খুশির বৃষ্টি।
বাজেট মহল ব্যাস্ত বেজায়
করতে কেনা কাটা
শিল নোড়াতে হড় হড়িয়ে
মশলা চলে বাঁটা।
কেউ বা ছুটি দৌড়ে দুটি
আনতে গেল পান
কেউ বা মধুর মোহন সুরে
উঠল গেয়ে গান।
মন্ত্রী দাদা গুনতি করে
আমিষ নিরামিষ
সুযোগ হারা সুদীর্ঘশ্বাস
ছাড়বে অহর্নিশ।

মায়া

এই ব্যাথা এই দুঃখ এই কত মায়া
এই মৃত্যু এই হত্যা পথে আছে হায়
এই রৌদ্র এই ঝড় এই মেঘ ছায়া
এ ক্লেদাক্ত পথে আছে কত ঘুর্ণি বায়।
এরি মাঝে তিলে তিলে এগুতে যে হবে
বাধা দিবে পিতা মাতা বন্ধু পুত্র জায়া
বাধা দিবে আপনার ডান হাত তবে
কাটিয়া সবলে তারে পথ কর ভায়া।
বিন্দু বিন্দু করি যদি করহ সঞ্চয়
পাহাড় প্রমাণ হবে কালে তার কায়া।
হয় মৃত্যু নয় জয় পথে হও লয়
তবে হবে ইরামৎ বজ্রদৃহ পায়া।
মায়ার বাঁধন কাটি উঠহ নবীন
অবশ্য আসিবে সেই সোনালী সুদিন।

অবসাদ

মনোমধ্যে অবসাদ? দিওনা প্রশয়
সুখীর প্রথম সংজ্ঞা ---আলোক সোপান
ঝেঁটিয়ে তাড়াও তারে হইও অভয়
পথ চলে লহ শ্বাস হও আগুয়ান।
একাই চলিও পথ--পথে বাঘ ভালু
কিছু নয় কিছু নয়--নাহিকো সংশয়
ওঠো বীর তোলো শীর কেন আলুথালু?
দন্তে দাও তৃণ পথে প্রতিজ্ঞা দুর্জয়।
ধীরে ধীরে কেটে যাবে সব দুঃখ অমা
ঐ দেখা যায় ঐ প্রভাত উদয়
প্রকাশ হইবে বাক্য মনো মধ্যে জমা
লয় হবে লয় হবে সব পরাজয়।
অবসাদ একাকীত্ব ওরা কিছু নয়
পথেই পাইবে সাথী নাই ওরে ভয়।

প্রতিবন্ধী

হে প্রতিবন্ধী তোমারে জানাই নমস্কার।
তোমারে দেখেছে প্রতিটি মানুষ
শুধু পৃথিবীর ভার।
আমি দেখিয়াছি তোমার মধ্যে
কত আকাশের তারা
তুমি ধরণীর কাশ্মীর ভূমি
নও ত তুমি সাহারা।
হিমালয় গিরি দিয়াছ হে পাড়ি
লঙ্ঘেছ পারাবার।
হে প্রতিবন্ধী তোমারে জানাই নমস্কার।

লাঞ্ছনা তব অঙ্গ ভূষন
দিয়াছে স্বদেশ ভূমি
প্রতিদানে তারে দানিতেছ কেহ
গরব গগন চুমি।
কেন গো বন্ধু অশ্রু সজল পরিনতি
এ তোমার?
হে প্রতিবন্ধী তোমারে
জানাই নমস্কার।

অন্ধ খঞ্জ অনাথ আতুর
ভাই এরা সবাই শোনো
বিধাতার কাছে গেছে আবেদন
এবে সবে দিন গোনো।
আগামীর বুকে নব নব জয়
ডালি দিবে উপহার।
হে প্রতিবন্ধী তোমারে জানাই নমস্কার।

বিংশ শতাব্দী

বিংশ শতাব্দী
বিজ্ঞানের সাধনায় সৌন্দর্য্যের অর্চনায়
সুমেরু শিখরে আজি
সভ্যতার সীমান্ত পরিধি।
বিংশ শতাব্দী।

দু আঁখি ভরিয়া দেখি যে দিকে তাকাই
ঝরিছে বিজয় বারি শ্রাবণ ধারায়
বিদ্যুতে ট্রেনে ট্রামে বেতার বার্তায়
গুরু গুরু করে শুরু গগন অবধি।
বিংশ শতাব্দী।

যুগ সাহিত্য বিভাগে নব চিকিৎসা বিধানে
শত বীণা স্বরে জয় শুনাইছে কানে।
জয় যুগ কারিগর অধ্যাপক চিত্রকর
লভিল যতনে যাঁরা
বিজয় উপাধি।
বিংশ শতাব্দী।

নিউটন আইনস্টাইন যাহা গেল দানি
তাঁদেরি পদাঙ্ক ধরি মোদেরি বিজ্ঞানী।
চন্দ্র লোকে দিয়া পদ লঙ্ঘিয়া মঙ্গল বুধ
জিনিতে সাজিল আজ
অম্বর বারিধি।
বিংশ শতাব্দী।

শেক্সপিয়ার রবীন্দ্রনাথ জন্মি এ জগতে
গাঁথি কাব্য ইন্দু চুড়া বিজয়ী সে পথে।

সুজন চকোর আজ ভুবন অঙ্গন মাঝ
পান করে নিত্য সেই
সাহিত্য কৌমুদী।
বিংশ শতাব্দী।

রামকৃষ্ণ বিবেকানন্দ এ যুগে জন্মিয়া
বেদান্তের শান্তি সুধা দিল ঝরাইয়া।
তাহারি ধারায় স্নাত নর নারী শত শত
উন্মুখ লভিতে আজ
ব্রহ্ম উপলব্ধি।
বিংশ শতাব্দী।

সময়

মূল্য হতে মূল্যাধিক অমূল্য রতন
মণি রত্ন তুল্যাধিক অতি যত্ন ধন।
মণি মুক্তা হীরা যদি ক্ষয় হয়ে যায়
বহু মূল্য দিয়ে পুনঃ ফিরে পাওয়া যায়।
বিন্দু মাত্র অপচয়ে না ফিরে আবার
সময় তাহারি নাম সে ধন কি সার।

সমুদ্র শোষিত বারি বাষ্প রূপে ভরি
ভাসি যায় গগনেতে মেঘ রূপ ধরি।
বৃষ্টি রূপে ফিরে আসে পুনঃ সাগরেতে
না ফিরে সময় কভু পুনঃ জীবনেতে।

এ হেন সময় যেবা করে অপচয়
সে পামর নরাধম এই বিশ্বময়।
চারিদিক ঘিরে তারে ত্রিতাপ লাঞ্ছনা
ভুগে আজীবন ধরি নরক যন্ত্রণা।

অল্প অল্প করি দেয় মূল্য সময়ের
নাহি করে অপচয় প্রতি মুহূর্তের।
ভুবন বিজয়ী হয় সেইজন কালে
কভু নাহি পরাজয় রহে তারি ভালে।
ধন মান নাম যশ তার বারমাস
ধরণীতে সেইজন করে স্বর্গবাস।

কিশোরের সঙ্কল্প

আমরা নবীন কিশোরের দল এক সাথে মিলি রই
সকল স্বার্থ পদতলে দলি ত্যাগের দীক্ষা লই।
ভুলিব বিভেদ ভুলিব বর্ণ ভুলিব দ্বেষের কথা
ভাবিব সবাই মোরা ভাই ভাই ঘুচাব দশের ব্যাথা।
হাসিতে হাসিতে মাথা পাতি লব স্বদেশ সেবার কাজ
জীর্ণ সমাজে জোড়া গাঁথি গড়িব সোনার রাজ।
দুঃখীর দুঃখ বুঝিয়া কাঁদিয়া আমরা ফাটাব হিয়া
পাংশু বদনে ফোটাইব হাসি আশার প্রলেপ দিয়া।
মৃত্যু দুয়ারে হানা দিয়া নব জীবন গড়িয়া লব
জগতের বুকে আলোড়ন তুলি ইতিহাস হয়ে রব।
স্থলে জলে ব্যোমে বহাইব আনি প্রেমের মন্দাকিনী
স্বর্গ জিনিয়া পারিজাত ফুলে ভরাইব এ মেদিনী।

জাগরনী

জাগো বীর সকলের আগে।
নিশি অবসান হয়ে প্রভাত আগত প্রায়
মুখরিত পাখি যত জাগরনী গেয়ে যায়
আলস্য জড়তা লয়ে
কেন আছে শয্যালয়ে
আদিত্য অরুনা হয়ে উদিছে পূরবে।
জাগো বীর সকলের আগে।

ওঠো জাগো বীরবর তোল ধনুঃশর
জটিল জীবন পথে হও অগ্রসর।
অদম্য উদ্যমী হই
অত্যুগ্র আকাঙ্ক্ষা লয়ী
জীবন সংগ্রাম জয়ী হইতে যে হবে।
জাগো বীর সকলের আগে।

বিস্তার বিষম জীবনের পথে হায়
রয়েছে দুর্গম গিরি দুস্তর চড়াই।
হেরিবে বারিধি মরু অলীক আলেয়া
পথ ভ্রান্ত হবে কভু উদ্‌ভ্রান্ত হইয়া।
অম্লান বদনে বাধা লঙ্ঘি গিয়া সবে।
জাগো বীর সকলের আগে।

অতীতের ইতিহাস কিই--ই না দেখায়েছে
জয় করি এভারেস্ট চন্দ্র লোকে গেছে।
অমৃতের পুত্র মোরা কি আর ভাবিব?
অসাধ্য সাধন করি বিশ্বজয়ী হব।
দেবতা মানব মোরা হইব এ ভবে
জাগো বীর সকলের আগে।

জটিলতা

প্রভু এই জটিলতা
এরি মাঝে শুনিয়াছি তব
মধুময় মঙ্গল বারতা।
এরি মাঝে আছে তব
লুকাইয়া নব নব
লীলার অনন্ত সুন্দরতা।
প্রভু এই জটিলতা----
অল্প আয়েসে যদি
হোত লক্ষ্য লাভ
তবে সবে হইত নবাব।

লুপ্ত হোত দিন রাত্র
অফুরন্ত এ বৈচিত্র্য
শুন্যে মিলাইত কবে কোথা।
প্রভু এই জটিলতা----

পৃথিবীতে ধনী ও গরিব
সকলি তোমারি সৃষ্ট
শয়তান ও শিব।
রয়েছ সবারি মাঝে
অণুতে অণুতে বিরাজে
লুকায়ে রেখেছ এই কথা।
প্রভু এই জটিলতা
এরি মাঝে শুনিয়াছি তব
মধুময় মঙ্গল বারতা।

চলার পথে

সহজে সাফল্য যদি হয় কর তল
তার তরে অবহেলা হবে কত ছল।
তাই জেনে তোল ওরে শ্রমের তুফান
সাফল্য আসিবে কালে পর্বত প্রমাণ।
আপনার করনীয়ে রেখো নাকো ক্রটি
অম্লানে সহিয়া যাও সকল ভ্রুকুটি।
অবশ্য টুটিবে দুঃখ আসিবে সুদিন
এই সাধু বাক্য জেনো শাশ্বত নবীন।
সত্য পথে চল সদা বল সত্য কথা
কদাচ মিথ্যার পায়ে না রাখিও মাথা।
বিচারের অসি রাখ সুতিক্ষ্ণ করিয়া
চঞ্চলতা আবেগকে প্রশ্রয় না দিয়া।
পথ চল পথ চল ত্যজি দ্বিধা দ্বন্দ
অবশ্য আসিবে কালে অমৃতের ভাণ্ড।

আমাদের পাঠশালা

এইটি মোদের পাঠশালা
সম্মুখেতে গ্রাম
চার দেওয়ালের পাকা বাড়ি
মজবুত ও সুঠাম।
একটি আছে পড়ার ঘর
শিক্ষক আছেন দুটি
নিয়ম মাফিক পড়াশুনা
টিফিন এবং ছুটি।
দুয়ার গোড়ায় বটগাছটি
পাতায় পাতায় মেলা
টিফিন হলে তাহার তলায়
কতই করি খেলা।
নলকূপটি চোখে পড়ে
চাইলে পূবের কোন
কলসী কাঁখে জল নিয়ে যায়
গ্রামের মা ও বোন।
কৃতবিদ্য হই বা না হই
যা লিখেছেন বিধি
পাঠশালাটির মধুর স্মৃতি
জাগবে নিরবধি।

পরম পুরুষ শ্রীচৈতন্য

পরম পুরুষ শ্রীচৈতন্য
লও প্রভু মম প্রণতি
সাজায়ে এনেছি পূজার অর্ঘ্য
জ্বালায়েছি ধূপ আরতি।
তব পদরেণু অঙ্গে মাখিয়া
বঙ্গ হয়েছে ধন্য
পরমেশ্বর জগত পূজ্য
হও তুমি অনন্য।
ভুলেছিলে জাতি ভুলেছিলে দেশ
ভুলেছিলে ভেদ বর্ণ
পতিত অধম পেয়েছিল কোল
তোমার অঙ্গ স্বর্ণ।
ছিলে তুমি প্রভু নদীয়া বিহারী
প্রেমময় গোরা মুর্তি
জগাই মাধাই উদ্ধার লীলা
অতুলন তব কীর্তি।
'আপনি কাঁদিয়া জগতে কাঁদাও'
ওগো প্রভু দয়াময়
তব প্রচারিত প্রেম ধর্ম
ছুটেছে বিশ্বময়।

নেতাজী স্মরণে

এই ভারতের পুণ্য ভূমিতে
এসেছিলে নেতাজী
তোমারি স্মরণে অযুত প্রণতি
নিবেদিনু মোরা আজি।
আত্মার করি অসীম বিকাশ
আপন প্রবল পৌরুষে
বিলায়ে দিয়াছ দেশের সেবায়
রেণু রেণু করি নিঃশেষে।
বিদেশি রাজার বিশাল চাকুরী
করেছিলে উপেক্ষা
লক্ষ্য লক্ষ্য নবীনে দিয়াছ
অগ্নি মন্ত্রে দীক্ষা।
বহায়েছ সারা ভারত ব্যাপিয়া
দেশ ভালোবাসা বন্যা
খরস্রোত ধারে ভাষায়েছ তার
জননী জনক কন্যা।
পুলিশী চক্ষে ধুলি দিয়া তুমি
হইয়াছ দেশ ছাড়া
আজাদ হিন্দে হাতছানি দিয়া
বিশ্ব দিয়াছ নাড়া।
দীপ্ত ভারত গঠনের লাগি
রয়ে গেল তব লিখা
যুগ যুগ ব্যাপী প্রদীপ্ত হয়ে
স্বর্ণ প্রদীপ শিখা।

ডঃ আম্বেদকরের প্রতি

কোটি দলিতের মুক্তি দিশারী
তুমি আম্বেদকর
তোমারে জানাই ভক্তি প্রণতি
যুক্ত করিয়া কর।
তুমি রচিয়াছ ভারতবর্ষে
শাশন সংবিধান
নিম্ন বর্ণে জন্ম তবু তো
কর্মেতে গরীয়ান।
আপনারে তুমি করেছ তৈরী
পৃথিবীর পণ্ডিতে
তোমার রচিত অমর লেখনী
দলিত সংগঠিতে----
ভারতের বুকে হতেছে উদয়
পুব গগনের সূর্য
তুমি পৃথিবীর মহান পুরুষ
তুমি মানবের পূজ্য।

মনোভাব

এবার ভারতী করিব আরতি
সকাল হইতে সন্ধ্যা
গাঁথিব সতত সম কুসুমিত
গোলাপ রজনীগন্ধা।
সতত করিব লিপির চয়ন
চকিত হইবে পিয়াসী নয়ন
আপন ভবনে করিব বয়ন
বাণীর মধুর ছন্দা।

মসীর লেখায় হবে রূপায়িত
আলোর ইন্দ্র ধনু
এ বীণার তারে হবে ঝংকৃত
রাখালের শত বেণু।
অসীম হইতে রূপের মাধুরী
এবার সতত করে নেব চুরি
হবে সুরভিত শুষ্ক এ পুরী
সুবাতাসে মৃদু মন্দা।

মন ও আবেগ

মন ও আবেগের গতি অতি দ্রুত
তাহাদের গতিকে বিশ্বাস না কর
যে টুকুঈশ্বর দান হও প্রতিশ্রুত
কিছুতেই না হারায় সেই হাল ধর।
মন চায় বহু কিছু ইহা বড় ভুল
মনের চাহিদা কভু হয়না পুরন
যা পেয়েছ তাই তব অসীম অতুল
অপরিগ্রহ অতি যত্নের ধন।
মন চায় প্লেনে চাপি আবেগের সায়
আবেগ তুলিবে তোমা হিমাদ্রী শিখরে
আবেগ ও মন বলে রোজ মাংস খাই
শুনি তাহাদের কথা পড়িবে ফাঁপরে।
মন ও আবেগ কে কর তুমি দাস
শান্ত হলে শান্তি পাবে ছাড় বৃথা আশ।

তবে ধৈর্য্য ধর যদি পিপীলিকা গতি
অবশ্য লক্ষ্যেতে কালে পৌঁছাইবে ভাই
প্রতি দুর্বলতা তাই সঙ্গত অতি
ভাবি ভাবি পদে পদে ছেদ করা চাই।
প্রতি বাধা সঙ্গত ভাবে আজ তুমি
ধীর ভাবে কেটে চল কহে মহাজন
দৃহ হও জেদী হও এ ধরণী ভূমি
শুধু সংগ্রামের ঠাঁই শুন তপোধন।
উঁচু দিকে না তাকায়ে নীচে দেখ ভাই
কত দুঃখী জীব কুল কত ছোট--আর
যা রয়েছ তার চেয়ে নীচে নাহি তাই
রাখা চাই ধ্যান পুনঃ বলি বার বার।

তবে নীচে তাকাইয়া লাভ কিছু নাই
সদা উর্ধ পানে চক্ষু রাখা তব চাই।
জগত সংগ্রাম ভূমি যা কিছু সুন্দর
সাধনাতে লাভ হয় শোন তুমি নর।
এক দিন মৃত্যু হবে এ অবধারিত
তাই কর্তব্যের ধ্যান রাখ অবিরত।
পিপীলিকা গতি ধরে পথ তুমি চল
কালে কালে পাবে তুমি সীমাহীন বল।
পর্বত প্রমাণ শক্তি পাবে তুমি জেনো
সমুদ্র শোষিতে পার এই কথা মেনো।
আলস্যের দাস যদি ত্যাগ করো তুমি
কর মুঠে এসে যাবে এ ধরণী ভূমি।

বিদ্যাসাগরের জন্মদিন

হে বিদ্যাসাগর হে মহামানব
আমার তুমি লও হে প্রণাম
জন্ম তোমার মেদিনী পুরেতে
জানি জানি তাহা বীরসিংহ গ্রাম।
দরিদ্র আগারে জন্ম তোমার
পিতা হোন ঠাকুর দাস
জননী তোমার ভগবতী দেবী
কহিলাম ইতিহাস।
হে দীনদয়াল করুণা সাগর
তুমি হও চিকিৎসক
বিধবা বিবাহ তব সেরা দান
বিদিত সর্বলোক।
স্ত্রী শিক্ষার প্রসার ধর্ম
অমূল্য মহাদান
মাতৃভক্তি অতুলনীয়
শুনেছি পাতিয়া কান।
কর্ম জীবনে তুমি ত ছিলে হে
সংস্কৃত কলেজ অধ্যক্ষ
সমাজ সংস্কারে নিবেদিত প্রাণ
জগত দিবে তা সাক্ষ্য।
অআকখগ বর্ণমালার
আবিষ্কারেতে সাফল্য
বঙ্গ ভাষা প্রসারের লাগি
তব অবদান অমুল্য।
নূতন বাংলা গঠনের লাগি
তব অবদান অতুল
তোমার জন্ম দিবসে তোমার
চরণে চড়াই ফুল।

বিদ্রোহী কবি নজরুল

হে বিদ্রোহী কবি নজরুল
তোমারে জানাই প্রণাম
এই বাংলার ঘরে ঘরে শুনি
দিকে দিকে তব গান।
দরিদ্র আগারে জন্ম তোমার
নাম ছিল দুঃখু মিঞা
আজীবন ব্যাপী ছিল সংগ্রাম
দীর্ণ করানো হিয়া।
কর্ণে শুনেছি পাগল করানো
তব সঙ্গীত গীতি
তোমার কবিতা দিয়াছে বারতা
দ্বীপ্ত আলোক জ্যোতি।
তোমার যে লেখা বিচিত্র গতি
জিনিল সকল হিয়া
বঙ্গ জগতে গাঁথিল ফলকে
হৃদয় মথিত কায়া।
বৃটিশ চক্ষে পড়েছিলে তুমি
হয়ে ছিল কারাবাস
তব বিদ্রোহী লেখনীর তুলি
রহিয়াছে ইতিহাস।
তুমি নক্ষত্র যুগ পরাধীন
ষোড়শ বর্ষ ব্যাপী
তব সঙ্গীত অ--পরাজিত
কহিনাতো অপলাপী।
অতঃপরেতে রুগ্ন জীর্ণ
হয়ে গেলে নির্বাক
সেই কাহিনীতে ঝরায় অশ্রু
আনে মৃত্যুর ডাক।

পূর্ব বঙ্গে লভিলে যে ঠাঁই
ডুবি অভিভূত শোক
হয়ে উন্মাদ হলে প্রাণ ত্যাগ
লভিলে অমর লোক।

স্মৃতিতে জে বি টি

পুরুলিয়া নিম্ন বুনিয়াদি শিক্ষক
শিক্ষণ সংস্থা পরে আমি এক
নগন্য শিক্ষার্থী
শত জন সাথী
করি এক সাথে শিক্ষণ পঠন
রূপালী পর্দাতে উদ্ভাসিত ছবির মতন
প্রতিদিন আবর্তিয়া আসে
সকাল দুপুর সন্ধ্যা আবাসে আবাসে।
বিহঙ্গ কলতানে দিগন্ত
রাঙায়ে আসে ভোর
আনন্দ অমৃত শ্রী সেবা সত্য ভবনে
খুলি যায় দোর।
ত্যাগ করি ঘুম
পড়ে হাত মুখ ধৌতাদির ধুম
বিদ্যার্থী মহলে। অতঃপর মিলি শত জনা
অধ্যাপিকা রীণাদির ক্লাসে করি উপাসনা
অন্তর ফলকে গাঁথি সেই স্নিগ্ধ মধুময় স্মৃতি
সারাটি দিনের পাঠে লই সবে আত্মপ্রস্তুতি।
পিটি ক্লাস করি সমাপন গ্রহন করিয়া প্রাতরাশ
পার হই একটানা তিনটি পিরেড
মাঝে কিছু নাই অবকাশ।
গাঁইতি কোদাল নিয়ে হাতে অতঃপর সবজি বাগানে
আপন আপন কৃষি ক্ষেতে লেগে যাই নিবিষ্ট মননে।
বাজে এগারটা--
শ্রেণী অবসান শেষে নিত্য স্নানের ঘটা।
টিং টিং করি পড়ে খাইবার বেল
সবে ভোজন শালায়
চটি পায়ে থালা হাতে লুঙ্গি পরিধানে

ছুটি যাই ঝটিকা গমনে।

ফিরিতে ফিরিতে কত আলোচনা কত শোরগোল
উঠে ভবনে ভবনে নির্দোষ আনন্দ কল্লোল।
এক এক করি দিন গুলি হয়ে যাবে
পার
পার হবে একটি বছর আসিবে আবার
নব বিদ্যার্থীর দল লইবে পঠন
নাচে গানে ঝরাইবে শ্রাবণ প্লাবন।
বছর বছর চলিছে ছুটিয়া
সেই পরম্পরা —সৃষ্ট হতে সঙ্ঘটিয়া
অনন্ত সুদূরে। শুধু স্মৃতির কোঠায়
করিয়া সঞ্চয় লইব বিদায়
অধ্যাপক অধ্যাপিকা পদে সমর্পিয়া সশ্রদ্ধ প্রণাম
পৌঁছাইব আপন আলয়ে
বাধাইব আজীবন জীবন সংগ্রাম।

মিলন লগ্ন

তোমা আমাকার নিশির প্রাচীর
টুটিয়া লুটিয়া গেল
তোমা আমাকার প্রেমের পরিধি
অসীম ছাইয়া এল।
তোমা আমাকার হৃদি শতধার
দুই দিক হতে আসিয়া এবার
অতীত ভুলিয়া বাহু প্রসারিয়া
মিলিতে এবার এল।

তোমা আমাকার ভ্রান্তি মেলার
আর নাহি অবশেষ
চারি আঁখি আজি মিলিয়াছে সখা
স্থির রহি অনিমেষ।

নীবিড় এবার হবে ভালোবাসা
তাই হয়েছিল নীরব গো ভাষা
এবে দোঁহাকার মিলন মেলার
লগ্ন বহিয়া এল।

স্বামী বিবেকানন্দ

তুমি এ যুগের শ্রেষ্ঠ পুরুষ
হে স্বামী বিবেকানন্দ
ও পদ কমলে নিবেদি প্রণতি
উথলি ওঠে আনন্দ।

তুমি আমেরিকা চিকাগো শহরে
দিয়াছ ভাষন অবলীলা ভরে
হিন্দু ধর্মে এনেছ বিজয়
অভাবনীয় প্রচণ্ড।

ঘুর্ণি বাত্যা সম চরাচরে
সন্ন্যাসী তনু ধরিয়া
ফুৎকার বলে জিনেছ জগত
মুগ্ধ করেছ দুনিয়া।

ওহে বেদান্তী তুমি অনন্ত
তুমি আলোকিত দিগ্ দিগন্ত
তোমার মহিমা কোটি শতদলে
দানিতেছে সুগন্ধ।
তুমি এ যুগের শ্রেষ্ঠ পুরুষ
হে স্বামী বিবেকানন্দ।

পরম পুরুষ শ্রী রামকৃষ্ণ

পরম পুরুষ শ্রী রামকৃষ্ণ
আমার তুমি লও হে প্রণাম
হে যুগাবতার ভব কাণ্ডারী
তব মহানাম জপি অবিবাম।

'যত মত তত পথে' তুমি চলে
সেই সার বাণী গিয়াছ হে বলে
বাণীর মুরতি হে প্রভু
তুমিই যিশু তুমিই শ্রীরাম।

জন্ম লভেছ কামার পুকুর
হুগলি জেলার গ্রামে
সাধনা তথা কর্মস্থল
দক্ষিণেশ্বর ধামে।
সারদা দেবী স্ত্রী কে সোজা
মাতৃ জ্ঞানেতে করিয়াছ পূজা
তুমি জানি সেই আলোক দিশারী
জিনিয়াছ যিনি জিনিয়াছ কাম।

গভীর সঙ্কট ও করোনা ভাইরাস

গভীর সঙ্কটে ধরা
হেরি অহর্নিশ
করোনা ভাইরাস
সর্প দংশে হিস্ হিস্।

দেশে বিদেশে সর্বত্র
মরিছে মানুষ সহস্র
নিত্য বলিতেছে টি ভি
করিয়া কুর্ণিশ।

গৃহে থাকার অভ্যাস
সরকারি নির্দেশ
কঠোর ভাবেতে মান
ভেবোনা জন্ডিস।

গৃহ হতে বার
না হইও আর---
নিরাপদ এ জীবন
এবারে নির্বিষ।

সাবান জলে ধোও হাত
ব্যাবহার কর মাস্ক
এ ব্যাবস্থা ---
অবশ্যই ঠিক।

সর্দি কাশি শ্বাসকষ্ট
এ লক্ষন পেলে স্পষ্ট
সাথে জ্বর--

ত্বরাই ভাবিস।

সোজা যাও হসপিটাল
হেলায় না কাট কাল
সোজা বাংলা
ছাড়হ ইংলিশ।

নুতন বর্ষ ও করোনা ভাইরাস

আইল নূতন বর্ষ
আইলো নূতন দিন
করোনা ভাইরাস
তুমি এবারে বিলিন।
তোমারে করিতে দুর
হিমসিম এ ধরায়
বিজ্ঞানী সে মহাপ্রাণ
ভুমে গড়া গড়ি যায়।
ওরে ও মহামারী
হও তুমি গৃহহীন।
আইলো নূতন বর্ষ ---

বহু দুঃখ দিলে তুমি
ছিনি নিলে লক্ষ্য জন
জিনিতে তোমারে তাই
ঔষধ তো চাই এখন।
কোথা সেই দেব দূত
যিনি করিবেন প্রস্তুত
সেই সঞ্জীবনী মন্ত্র
কোথা সে লুকানো বীণ?
আইলো নূতন বর্ষ ----

জগত হাসুক আরো
নব কলেবরে
দিগন্ত ভরিয়া আলো
আসুক এ ঘরে।
শিশুর সরল হাসি
ঝলসি উঠুক আসি

উন্মুক্ত হউক বিশ্ব
জীর্ণ আবাস মলিন।
আইলো নূতন বর্ষ
আইলো নূতন দিন
করোনা ভাইরাস তুমি
এবারে হও বিলিন।

লোক গীতি পর্যায়

কবিতা (৭৯) শ্রী গুরু মহিমা

গুরুর চরণ ভবোদ্যানে কল্পতরু
চারি ফল মিলে সেথায় অতিশয় সুচারু।

যে সুজন গিয়ে তাঁরি বসে ছায়াতলে
ভকতি কুসুম তারি আসে করতলে
ভব পারাবারে সেজন হয় সেরা সাঁতারু।

পিতা মাতা জ্ঞাতি গুরু প্রেম সুখ দাতা
ভাই বন্ধু সাথী গুরু দুঃখ পরিত্রাতা
ব্রহ্মা বিষ্ণু রুদ্র গুরু করে ধরি ডমরু।

অন্ধ জনের যষ্ঠী গুরু অজ্ঞানীর জ্ঞান
অগতির গতি গুরু মৃত জনের প্রাণ।
শুশীতল বারি গুরু পথে সাহারা মরু।

অনাদি অনন্ত গুরু মহিমা অপার
শ্রী মুখে নির্গত বাণী বেদ বাক্য সার।
রাধু অবোধ জপে শুধু জয় গুরু শ্রী গুরু।

পাল তোল রে

ও ভাই পাল তোল রে
বয়ে যায় অনুকূল বায়
কেন তরী বৃথা পড়ি মাঝ দরিয়ায়।
বয়ে যায় অনুকূল বায়।

দিনে দিনে জীর্ণ হবে তব জীবন তরী
এবার সে দিন এল বন্ধু সবে যাবে সরি
আবার অকুল মাঝে উঠলে তুফান
ডুববে ভাঙ্গা নায়।

ভব পারাবারে উঠে উথল পাথল ঢেউ
এবার সে দিন এল বন্ধু সঙ্গী নাহি কেউ।
তোমায় পার হতে হবে একা
এ দুঃখের ঠাঁই।

ভয় না করিও পথে চিন্তিও না কিছু
আজ গুরু দত্ত নামটি কর সাথী আগু পিছু।
তাঁরি শরণাগতির হাল বাইয়া
দাও তরী ভাঁসায়।

তোমায় কোলে তুলিবারে প্রভু আছেন বসি
তাঁরি কৃপার বাতাস বইছে দেখ সারা দিবস নিশি।
রাধু হরি ভজনের পাল দে--না রে
খাঁটায়।
বয়ে যায় অনুকূল বায়।

মন পাখি রে

ও মন পাখি রে ধরবো তোমায়
গুরু বাক্য ফাঁসে।
মত্ত হাতি বাঁধবো আমি
রাখবো নিজ বশে রে ----

বৃশ্চিক দংশনে মানব যেন দশা হয়
বল্লাহীন অশ্ব যথা পথেতে ছুটয়।
তেমনি তোমারি স্বভাব জানি
ভালো মতে রে----

বায়ু কে আবদ্ধ করা অসাধ্য যেই মত
বশ করা তোমারে জানি কঠিন সেই মত
তুমি বিবেক বিরুদ্ধ কাজ করাও
কেন হাতে?

বানরে লইয়া মানব নৃত্য যেমন করে
করেতে ধরিয়া লাঠি নাচাও তেমন
নরে।
বিহিত উপায়ে তুমি হও মানবের বশে।

তোমারে করিতে জয় যেই নরে পারে
অসাধ্য তাঁর কিছু নাই জগত
সংসারে।
গুরু কৃপার বশে তুমি ভণে রাধানাথে।

আমি কি উপায় করি

গুরু
আমি কি উপায় করি গুরু
একলা এই পথে
ছয় জনা ডাকাতে আমায় আটক করেছে।

ভব পারাবারের পারে
আমি যায় চলি
তীক্ষ্ণ খুরের ধারার মত
এই পথের গলি।
ছয় গলিতে ছয়টা রিপু
ফাঁদ পেতে আছে।

ঘর ছাড়া হয়েছি গুরু
ফিরার পথ নাই
নাইকো কিছু অস্ত্র হাতে
কোন পথেতে যাই?
ও তারা হা করে কুমীরের মতো
আমায় দেখাছে দাঁতে।

গুরু বলে রাধু ওরে
নাই রে বাছা ভয়
আজ বিবেক বুদ্ধির বর্ম পরি
কররে বাধা জয়।
এবার হরি নামের অসি দুটি
ধররে দুহাতে।

মন রসনা

মন রসনা প্রেমানন্দে হরি নামে রইও মগনা
দুর্লভ মানব তণু হেলাতে হারাইও না।
আশি লক্ষ্য যোনি ঘুরিলে
এ হেন মানব তনু বহু ভাগ্যে মিলে।
আবার ভাবহ কালের গতি শমন দিলে হানা।
মানব জীবনে আছে জ্বরা শোক রোগ
সংসার অসার বিনে হরি ভক্তি যোগ।
আবার মিছে এ ভবের আশা বৃথা শত বাসনা।

অগতির গতি হরি অকুলের ঠাঁই
তাঁরি নাম সম ত্রিজগতে বন্ধু কেহ নাই।
অধম অবোধ রাধুর হরি ভজন হোলনা।

রতনে রতন চিনে ভাই

রতনে রতন চিনে ভাই অন্যে তা-- চিনেনা
তারা খাঁটি সোনার দেয়না আদর গিল্টি বলে সোনা।

জগত নকলে ভরা আসল জিনিস যায় না ধরা
যারা হয় সেই পথের পথিক খোঁজ পায় সেই জনা।

নকল জিনিস ঝলমল আসল মানুষ হয় পাগল
যাঁরা হয় সেই পথের পাগল সেই পায় ঠিকানা।

রাধানাথে কন ভাই মনের মানুষ পাওয়া চাই
তাহার তরে আছে শুধু কঠিন সাধনা।

প্রেম গীতি

মরম সখীরে সযতনে রোপ প্রেম বীজ
কালে কালে হইবে ফল এখন প্রাণে ভিজ্।

গোপনতার বেড়াজাল দিয়ে সখী কাট কাল রে---
মন জলে সেঁচ চারা রতন হাতে নিজ্।

ঝাঁটা লাগাইয়া প্রেমের কাঁটা কর দুর
বিরহ দহনে প্রেম পাইবে অঙ্কুর।
ধিরে ধিরে হবে পাতা গজাইবে প্রেম লতা গো---
বিজনে হইলে দেখা কুসুমেরি সৃজ।

বিশুদ্ধ যে কৃষ্ণ প্রেম সেই ত সারাৎসার
নেইকো সেথা ধনী গরীব জাতির বিচার
সেই প্রেমেতে মজ জীব ভবে তুমি হবে শিব
ভীখারি হইয়া ভবে হবে তুমি নৃপ।

শীত কালের রোদ দাদা

শীত কালের রোদ দাদা বড়োই লাগে মিঠা
অন্য কালে ঘাম ঝরে জ্বলে যায় পিত্তিটা।

ঝুরু ঝুরু বহে হাওয়া মিহি গলায় গান গাওয়া
সোনার রোদে বুকটা জুড়ে মিষ্টি যেমন পিঠা।

শীত কালের ছোট দিন পুকুরেতে খেলে মীন
মাঠে মাঠে গরু চরায় রাখাল বন্ধুটা।

দীন রাধানাথে কন রাত্রি বড়োই বড় হন
ক্ষেতে ক্ষেতে আলু লাগায় গাঁয়ের ঐ চাষীটা।

দুনিয়ার নিয়ম

এই দুনিয়ায় নিয়ম রে ভাই এ উহারে ভাবে বোকা
আমি নিজে বিশাল চালাক অপরকে চায় দিতে ধোঁকা।

সরল চালাক বোকা চালাক
পাতি চালাক অতি চালাক
নানা রকম চালাক আছে
ঘুঘু চালাক আছে থোকা।

কিন্তু মানব বুঝ তার রে ভাই
কেউ বোকা নয় এই দুনিয়ায়
অপরকে ভাবিলে সেটা মায়ের গর্ভে আছিস খোকা।

সৎ পথে চল সদা কৌশলেরে মার গদা
সাফল্য তোর কালে কালে ফলবে
কালে কপালে তা---

ওরে মানব তুই

ওরে মানব তুই হিংসার পথ ছাড়্
এই দু দিনের দুনিয়া রে ভাই
যথা বালুর পাড়।

কত সহজেই ধসে যায় সেটা
কেন নিজেকে ভাবিস রাজার বেটা।
এ যে তোর মহাভ্রম রে ভাই
অহংকারের আড়্।

অপরের পিছু লাগা তোর দরকার তো নাই
পরের ক্ষতি যে নিজের ক্ষতি ভেবে দেখিস্ ভাই।
পরের উপকারে নিজেরই উপকার
এটা বোঝ্ রে ও সমঝদার
সবাই কে নিজ্ ভাই এর মতো রা যে এবার কাড়্।

ঝুমুর পর্যায়

শ্রী রাধার পূর্ব রাগ

শিখি পাখা মাথে করেতে বাঁশুরী
গলে বনমালা আহা মরি মরি
সখী অনিমেষে চাহি যারে
অঙ্গ পীতাম্বর সে শ্যাম সুন্দর
জিনি শশী প্রভাকরে গো।
রং--বল সহচরী কি উপায় করি
সঁপিব হৃদয় তারে।

মুরুলীতে বাজি উঠে রাধা রাধা
গৃহে জাগি উঠে অগণিত বাধা
সখী উদয় যথা ভুধরে।
পড়শীরা বাদী শাশুড়ি ননদী
আগুলিয়া চুপিসারে গো। রং--

বৃথা বৃথা সখী জাতি কুল মান
বৃথা এ রমণী রূপ অভিমান
সখী পাইতে সে সুশেখরে
যদি প্রাণ যায় তবু তারে চায়
বৃথা লাজ ভয় ভারে গো। রং--

রাধাকৃষ্ণে হেন অপ্রাকৃত লীলা
শ্রবণেতে হয় দ্রবীভূত শীলা
ও ভাই প্রকৃত তত্ত্বোদ্ধারে।
রাধানাথে গায় জীবাত্মা সে ধায়
পরমাত্মা পারাবারে গো। রং --

সাক্ষরতার ঝুমুর ১

জাতির কলঙ্ক করিতে মোচন
জাগো ভারতবাসী যত জনগণ
ও ভাই সাজো সবে রণ সাজ় হে।
যত নিরক্ষর করহে সাক্ষর গ্রাম নগর মাঝ হে।
রং--টীপ সহিতে বড় অপমান
মনে বুঝে দেখ আজ।

শিখ হে সবাই নাম সহি
আর অআকখগ যাও হে কহি
রাত্রিবেলা ছাড় গৃহ কাজ হে।
এ যুগেতে মূর্খ দুর্গতির অর্থ
বিচরিতে এ সমাজ হে। রং---

এবার পিতা মাতা ভ্রাতা যত
নৈশ্য বিদ্যালয়ে শত শত
লেখাপড়ার করহ রেওয়াজ হে।
চোখ থাকতে অন্ধ লোকে বলে মন্দ
ঘুচিবে সে মহা লাজ হে। রং--

কন্যার চিঠি আর বৌএর পত্র
বড় মিঠা ভাই হাতে পাওয়া মাত্র
পরকে পড়ার যাবে হে আওয়াজ হে।
রাধানাথে কয় ধন্য ধন্য হয়
এই গনতন্ত্র রাজ হে। রং---

সাক্ষরতার ঝুমুর ২

গর্ব ভরে যদি কইতে হয় কথা
আর বুক ফুলায়ে যদি তুলতে হয় মাথা
বিদ্যা শিক্ষাই হোল সবার গোড়া হে।
ভারতের পুত্র কেন অন্ধ নেত্র
কেন এ পিছনে পড়া হে।
রং--এস ভাই সব তুলি কলরব
করি সবে লেখাপড়া হে।

দিবসেতে চষ ক্ষেত গোঠ মাঠ
সন্ধ্যাকালে বস লইবারে পাঠ
নৈশ্য বিদ্যালয়ের বেড়া হে।
ভুলি মূর্খ ধর্ম বুঝ বিদ্যার মর্ম
জ্ঞান প্রদীপের গোড়া হে।রং---

ছেলে মেয়ে যদি করতে চাও মানুষ
জানতে চাও যদি মা সীতার দুঃখ
বেদ পুরাণের পড়া হে।
তবে অআকখ সযতনে শেখ
নহে ত কিছুই কোড়া হে। রং --

মূর্খ রূপে ভ্রাতা আছ পাপী যত
শিক্ষা রাম নাম জপ অবিরত
বাঁচুক এ জাতি মড়া হে।
রাধানাথে কয় আর গাধা নয়
এস সবে হই ঘোড়া হে। রং---

সীতার বিলাপ

অশোক কাননে সীতা রাক্ষসের ভয়ে ভীতা
কহি কাঁদে ধরণী লুটায়।
রং --স্বামী এস হে ত্বরায় তুমি ছাড়া মোর কেহ নাই।

আমি জনক নন্দিনী তুমি রঘুকুল মণি এ বিপদ বারিধিতে ধায়। রং---
গেলে ধরিবারে মৃগ ছলে দশানন নৃপ
হরি মোরে আনিল লঙ্কায়। রং--

রাধানাথে কন মাতা
অবশ্য আসিবে ত্রাতা
শ্রী চরণে দিও মোরে ঠাঁই।

শ্রী রাধার মান

চন্দ্রাবলী কুঞ্জে কাটাইয়া নিশি
প্রভাত হইলে উঠি কালশশী
শ্রী মতি কুঞ্জেতে যান গো।
রতির আবেশে দেখি হৃষিকেশে
শ্রী রাধার হইল মান গো।
রং---কহিছে মুরারি কহ সহচরী
কি ভাবে পাইব ত্রাণ গো।

রাধা পদতলে পড়িল নাগর
কাঁদি কাঁদি কথা কহে কহে সবিস্তর
ঘুচাইতে অভিমান দাও দাও মোরে
বন্দ কারাগারে যা উচিত বিধান গো। রং---

রাধা সুধাকরে ক্ষুধিত চকোর
আমি ত মরাল তুমি সরোবর
তুমি ধর্মাধর্ম জ্ঞান গো।
কনক অঞ্জলী দিলে মোরে তুলি
দেহ মোরে প্রাণ দান গো। রং ---

মান ভরে মানীর আরো বাড়ে মান
দেখিয়া কাতর হৈল ভগবান
উপায় না কিছু পান।
সখী তবে যাই মাগিল বিদায়
রাধা নাথে করে ধ্যান গো। রং--

শ্রী রাধার মাথুর

মথুরাতে যবে গেলেন মুরারি
তাহারি বিরহে রাধা সহচরী
স্বখেদে কহিছে ভাষ
কালা ছাড়ি গেল আনহ গরল
এখনি করিব গ্রাস গো
রং---কহ কহ সখী কি উপায় দেখি
কালারে করিব আশ।

লম্পট সনে করেছি পিরীতি
ত্যজিল কপট নিরদয় অতি
নিয়তির পরিহাস গো।
ধিকি ধিক মোর নাহি নিশি ভোর
নাহি ঊষা পরকাশ গো। রং---

কালার বিরহে আমি যদি মরি
ব্রজে যদি কভু ফিরে আসে হরি
তাই এ দেহ না কর নাশ গো। রং--

রাধা অঙ্গে যত রহে আভরণ
সখী গনে সবে করে বিতরণ
সাজিতে নাহি প্রয়াস।
রাধা নাথে কন শ্রী কৃষ্ণ চরণ
অন্তিমে অভিলাষ গো। রং----

সমাপ্তি পর্যায়

সমাপ্তি প্রার্থনা

উদয় প্রভাতে জুড়ি দুই হাত
আকুলিত মনে পুলকে সতত
তব মহিমায় ভরা এ জগত
ভাবি যেন এ হৃদয় ভরি।
এ প্রার্থনা সদা করি।

উজ্জ্বল ঊষার অরুণ কিরণে
তব আহ্বান লভি যেন প্রাণে
পূব দিগন্তে মেলিয়া নয়ানে
পূর্ণ সত্যে নিত্য প্রাণে বরি।
এ প্রার্থনা সদা করি।

পথ যবে খুঁজি ভ্রমিয়া বিপথে
দয়া করে তুলি নিও তব রথে
দুঃসহ দুঃখ রাত্রি নীশিথে
দিক ভ্রষ্ট হলে তবু তরি।
এ প্রার্থনা সদা করি।

জগতের হিতে অকপট চিতে
নিঃশেষি নিজে চাহি বিলাইতে
সবাকার বোঝা শিরে তুলি নিতে
নিভৃতে সঁপিতে যেন পারি।
এ প্রার্থনা সদা করি।

২৫ শে ডিসেম্বর

আবার এসেছে প্রতীক্ষিত সেই
২৫ শেষ ডিসেম্বর
যাঁহারে জানাতে ভক্তি প্রণতি
যুক্ত করেছি কর।
এমন দিবসে আইলো যে এক
এ জগতে দেব শিশু
খৃষ্ট জগতে যিনি ঈশ্বর
তিনিই হলেন যিশু।
পিতা হোন যাঁর মহান যোশেফ
মাতা হোন যাঁর মেরি
খৃষ্ট জগতে তিনিই তো হন
মানবের ত্রাণ কারি।
বাইবেল যাঁর মুখ নিঃসৃত
জগত যাহাতে মুগ্ধ
জন্ম যাঁহার বেহেথলেমেতে
জানে তা বিশ্ব শুদ্ধ।
এমন দিনেতে যাঁহার জন্ম
কত তাঁর গৌরব
দিকে দিকে শুনি উৎসব ধ্বনি
মুখরিত কলরব।

দৈব্য ও পুরুষাকার

দৈব্য বড় না পুরুষাকার---এই নিয়ে
আছে মহাতর্ক হায়--তাই ওরে ভাই
যথা সাধ্য কর্ম করি চল রে এগিয়ে
ভুল করে নিশ্চিন্হ করি আবেগ সে
নাই।
ফল চিন্তা না করিয়া না হয়ে চঞ্চল
পরিনামদর্শী হয়ে করে চল কাজ
অবশ্য অবশ্য তোর এসে যাবে ফল
হটকারিতাকে তুমি কর পরিত্যাগ।
কর্মের নিশ্চয়ই ফল আছে ওরে ভাই
সুকঠোর শ্রমের নাইরে বিকল্প
কথা কম কাজে বেশী সততা সে চাই
কৌশল অবলম্বন হোল সেরা গল্প।
দৈব্য ভাগ্য নিয়ে মাথা না করিও খারাপ
সৎ পথে বিচরিও না করিও পাপ।

জননী

হে জননী তুমি মোরে করিয়াছ দান
পঞ্চভুতে তৈরী এই তবু মন প্রাণ।
ধরিয়াছ জঠর আগারে দশ মাস
সহিয়াছ প্রসব যন্ত্রণা। বহু ত্রাস
বহু ক্লেশ বহু দুঃখ মম তরে তুমি
বরণ করেছ মাতঃ তাই তব নমি
পদতলে।
পরিশোধ নাহি হয় তব ঋণ কভু--
অর্থ ধন রত্ন নব নব বিনিময়ে।

মাতঃ দেখেছি তোমার ক্ষমা
স্মিত হাস্য চন্দ্রমার স্নিগ্ধ জ্যোতি সমা
সহস্র দোষের দোষী সন্তানের প্রতি।
তোমার করুণা জাহ্নবী গতি
গঙ্গোত্রী হইতে যথা পতিত মহীতে
অঙ্ক তব গরীয়ান স্বর্গ ভূমি হতে।

লেখনী

হে লেখনী রত্নাকর সম রত্নখনি
বিপ্লবের দীপশিখা নিহিত তোমাতে
খরধার কাছে তব হার হয় মানি
তরবারী সৈন্য দল সঙ্কোচে নিভৃতে।
তব মুখে প্রস্ফুটিত হয় বন্ধু জানি
লুক্কায়িত কত কাব্য কত ছন্দ গাথা
কত কবি সাহিত্যিক কত গুণী জ্ঞানী
তোমারে করেছে সার তুলিয়াছে মাথা।
দেবী সরস্বতী থাকি তোমার আড়ালে
সতত করে প্রকাশ বলে তাঁর কথা
তোমার মহিমা গাহি বেণু বীণা তালে
সে ক্ষমতা নাই নাই এই মোর ব্যাথা।
ভারতী মাতার পদে এ মোর প্রার্থনা
পাই যেন মাতঃ আমি তব কৃপা কণা।

শিশু মন

আমি যদি হতেম রেলের গাড়ি
দেশে দেশে দিতেম পাড়ি।
তলায় কতো থাকতো আমার চাকা
লাইন বেয়ে ছুটতো আঁকা বাঁকা।
স্থানে স্থানে বাজিয়ে যেতাম বাঁশি
হাওয়ায় ধেয়ে আওয়াজ যেত ভাসি।
কত শহর কত নদী গ্রাম
কত নগর কত তীর্থ ধাম।
পেরিয়ে যেতাম গরজি ডাক ছাড়ি
আমি যদি হতেম রেলের গাড়ি।

আমি যদি হতেম পাখির ছানা
নীল আকাশে মেলে দিতাম ডানা।
উড়ে যেতাম বনে বনন্তরে
কেউ কখনো খোঁজ নিত না মোরে।
সারাটা দিন পেয়ে যেতাম ছুটি
বাধা বাঁধন যেত আমার টুঁটি।
সন্ধ্যা হলে বাসায় ফিরে আসি
মনের সুখে হতেম বৃক্ষ বাসী।
ভুলেই যেতাম নিষেধ নিয়ম মানা
আমি যদি হতেম পাখির ছানা।

আমি যদি হতেম প্রজাপতি
দিনের আলোয় ডানা দিতেম পাতি।
রং বেরঙের কত রূপের ছটা
মেলে দিতাম স্বতঃই করি ঘটা।
ডাকলে আমায় তরুর কোন শাখা
তারি পিঠে ছড়িয়ে দিতাম পাখা।

ফুলের বনে খেতাম ও ভাই মধু
মৌমাছিদের পেয়ে যেতাম বঁধু।
বাতাস আসি হোত খেলার সাথী
আমি যদি হতেম প্রজাপতি।

www.ingramcontent.com/pod-product-compliance
Lightning Source LLC
LaVergne TN
LVHW051026051026
849532LV00004BA/1390
* 9 7 9 8 2 3 0 6 8 4 7 1 8 *